U0688214

《资治通鉴纲目提要》研究

郁辉◎著

人民日报出版社
北京

图书在版编目（CIP）数据

《资治通鉴纲目提要》研究 / 郁辉著. —北京：人民日报出版社，2021.2

ISBN 978-7-5115-6872-4

Ⅰ. ①资… Ⅱ. ①郁… Ⅲ. ①中国历史—古代史—编年体②《资治通鉴纲目提要》—研究 Ⅳ. ①K204.3

中国版本图书馆CIP数据核字（2020）第265788号

书　　名：《资治通鉴纲目提要》研究
作　　者： 郁　辉　著

出 版 人： 刘华新
责任编辑： 刘　悦
封面设计： 中尚图

出版发行： 人民日报出版社
社　　址： 北京金台西路2号
邮政编码： 100733
发行热线：（010）65369527　65369512　65369509　65369510
邮购热线：（010）65369530
编辑热线：（010）65363105
网　　址： www.peopledailypress.com
经　　销： 新华书店
印　　刷： 天津中印联印务有限公司

开　　本： 710mm × 1000mm　1/16
字　　数： 170千字
印　　张： 13
版次印次： 2021年5月第1版　2021年5月第1次印刷

书　　号： ISBN 978-7-5115-6872-4

定　　价： 59.00元

目录

绪 论

所谓“提要”，即“别其纲谓之提要”。《资治通鉴纲目提要》（以下简称《提要》）即《资治通鉴纲目》（以下简称《纲目》）之《纲》渊源所在。《提要》今已佚，如束景南先生在《朱熹年谱长编》（第1449页）之《朱熹著述考略·史部编年类》中称：“《资治通鉴纲目提要》五十九卷，佚。见《直斋书录解题》《宋史·艺文志》。”据明代冯智舒等书有称引，知当时尚有流传，其后未详。今研究者多据《纲目》七家注（宋代尹起莘《资治通鉴纲目发明》、刘友益《资治通鉴纲目书法》；元代汪克宽《资治通鉴纲目考异》、王幼学《资治通鉴纲目集览》、徐昭文《资治通鉴纲目考证》；明代陈济《资治通鉴纲目集览正误》、冯智舒《纲目质实》）等书现引《提要》内容而知其概貌。

今人对《提要》或其成书的研究有严文儒先生《资治通鉴纲目丛考》关于《纲目提要》的部分，汤勤福《朱熹的史学思想》[①]，束景南《朱熹年谱长编》[②]等。文儒先生的研究是一篇论文，重在对大的方面的把握，具体未予展开；汤勤福先生对《提要》亦未做详论；束景南先生则是在《朱子大传》《朱熹年谱长编》等大著作中提及其某个方面的问题，具体不做展开。因此，就

① 汤勤福. 朱熹的史学思想[M]. 济南：齐鲁出版社，2000：157—209.

② 束景南. 朱熹年谱长编[M]. 上海：华东师范大学出版社，2001.

有较为全面而具体的研究《提要》一书的必要。

朱熹在撰成《纲目·凡例》后，在此基础上撰成《纲目提要》，而后在历次的修改中不断修正《提要》的内容，最后的修正稿才是《纲目》之《纲》。朱熹修正稿原貌最大程度保留在《纲目》初刻本中，而后来刻本又在此基础上继续有所修订而使《提要》与《纲目》通行本差异甚巨。

《提要》是《纲目·凡例》到《纲目》之《纲》的中间量。从《提要》和《纲目》初刻本之间差异可看到朱熹修改了哪些内容并进而推测其用意所在。另外，在考查《纲目》通行本对《纲目》初刻本的改动问题上，《提要》可作为一个重要的旁证。以上为《提要》研究价值所在。

第一章

《资治通鉴纲目提要》成书考略

《提要》为《资治通鉴纲目提要》的简称，前人也称之为《通鉴提要》。宋濂是较早提到《提要》的[①]，他认为朱熹亲撰《提要》并且《提要》的作用就是《纲目》的写作大纲，学生据《提要》以作目。他说："新安子朱子……亲为《通鉴提要》以授弟子天台赵师渊几道，使著其目……师渊遂据《提要》为《纲目》五十九卷，朱子重为之审定，故其中亦颇有与《凡例》弗合。"由于成书后又经过朱熹审定，所以《提要》的原貌和审定后的"纲"两者就是同一事物发展的两个阶段，这一发展的意义将在第二章详细论述。

前代学者对于《提要》一书主要有以下三种看法：

第一，认为《提要》根本不存在，如清代周中孚《郑堂读书记》卷十六，史部编年类，有"《宋志》又别出《提要》五十九卷，盖即一书而误分为二也"；

第二，认为《提要》即《纲目》之《纲》，如清代钱谦益《绛云楼书目》卷一编年类，有"宋温陵刻《通鉴提要》，即此书之纲也"；

第三，认为《提要》并非出自朱熹之手、朱熹仅作《凡例》，如全祖望认为"观朱子与赵师渊书，则是书全出讷斋，其本之朱子者，不过《凡例》一通，余未尝有所笔削"[②]；持这种观点的还有《四库全书总目》的纂修者，他们认为[③]"朱子因司马光《资治通鉴》以作《纲目》，惟《凡例》一卷出于手定。其纲皆门人依《凡例》而修"。

---

① 〔明〕宋濂，撰，罗月霞，主编.宋濂全集（卷五）.杭州:浙江古籍出版社，1999:876.

② 全祖望《鲒埼亭集外编》卷三十四，载于《书朱子〈纲目〉后》。

③ 四库全书总目（卷八八），史部·史评类，御批通鉴纲目（五十九卷）（重印本）[M].北京:中华书局，1965.

笔者认为《提要》确有其书，且确为朱熹亲笔。其作用是朱熹纂修时的大纲,《提要》分发给学生，由学生分头写《纲目》，朱熹再汇总审定。《提要》几经修改而成为初刻本《纲目》之《纲》的形态。后世《纲目》通行而《提要》遂无单行之必要，故明代后此书渐佚。考其成书经过，可以更好地了解《纲目》的成书。

一、朱熹撰修《纲目提要》缘起

《提要》与《资治通鉴》关系紧密，故其撰修原因也与《通鉴》一书有关。

第一，正统观上的不同。

《通鉴》详于史料而略于义理，加上对具体朝代的正统问题等存在不同意见。

朱熹认为《通鉴》所述于理不安，所以起意另作一书。关于这点,《语录》有如下记载，朱熹曾对弟子余大雅说："三国当以蜀汉为正，而温公乃云，某年某月'诸葛亮入寇'，是冠履倒置，何以示训？缘此遂欲起意成书。"[①]另外朱熹在奏章中也表明了这个意思，他说："臣旧读《资治通鉴》，窃见其间周末诸侯称王号而不正其名，汉丞相亮出师讨贼而反书入寇，此类非一，殊不可晓。又凡事之首尾详略，一用平文书写，表岁以首年，而因年以著统，大书以提要，而小注以备言。至其是非得失之际，则又辄用古史书法，略示训诫，名曰《资治通鉴纲目》。"朱熹确定正统的依据以及贯穿于他的《纲目》的根本思想就如他概括的《春秋》的大旨"正谊不谋利，明道不计功；尊王，贱伯；内诸夏，外夷狄"三条。在《纲目·凡例》十九目中，他便根据这种正统观构造出烦琐细密的义例和书法，他制定的"万世史笔"的"准绳规矩"是要辨正闰，确定周秦汉晋隋唐六个朝代为正统，其他为非正统，或是僭国，或是篡贼，或是无统；要明顺逆，凡为正统，便是顺而正义的，凡为僭伪篡

① 朱子语类（卷一百零五），朱子全书[M].上海:上海古籍出版社，合肥:安徽教育出版社，2002.

窃，便是逆而不义的；要严篡弑之诛，以史家直笔大书篡弑犯上之罪，不得隐讳，使乱臣贼子惧；要褒扬尊贤死节，大加特书，以表彰三纲五常的伦理道德。

第二，为方便阅读，编纂一部通俗简略的历史书。

《通鉴》卷数过多，阅读不便，司马光也意识到了这个问题，所以作《目录》《举要历》等，但又失之太略，这就需要一个适中的普及型读物。朱熹的做法是：将司马光的《资治通鉴》《目录》《举要历》和胡安国的《资治通鉴举要补遗》四书增损檃括，大致"踵编年之成文"，而成《纲目》（《纲目》成书前先有《提要》）。《纲目》五十九卷，以《纲》统《目》，取纲举目张之意，解决了《通鉴》卷帙过大的问题；而朱熹提倡的大经大法又体现在了《纲》的文字上。所以历来人们研究的重点也在他的《纲》上。而《纲》的雏形就是本书的研究对象——《提要》。因此，在《提要》纂修伊始，便定下了它的义理先行、以义理纲纪史事、以是否符合义理为取舍、褒贬史事、评价历史的价值标准，即所谓"明天道、定人道"。后人推崇《纲目》，也是由于这种正统论符合宗法社会的道德标准。所以后代明宪宗《〈通鉴纲目〉序》、清圣祖《御批通鉴纲目》、清高宗《御批通鉴辑览》即以官方身份倡导此义。

二、具体步骤及时间

朱熹在起意之后，便着手进入了发凡起例等实质的编写阶段。《提要》成书主要有以下三个步骤：

第一，订立《凡例》（乾道八年，1172年）；第二，《提要》草创阶段，即根据《凡例》概括《通鉴》记载的史事写出《提要》；第三，《提要》完善阶段，即对《提要》反复修改，最后成为《纲目》之《纲》的形态。

（一）订立《凡例》阶段

关于《凡例》订立的时间，有资料如下：

《纲目·凡例》修立略定，极有条理意义矣。俟到此，更商榷之。但修书功绪尚广，若得数月全似此两月无事，则可以小成矣。(《朱文公文集续集》卷二《答蔡季通》书五十)

此书束景南《朱熹年谱长编》(第451页)定在乾道七年(1171年，辛卯，四十二岁)。所谓略定，既其成型。据《资治通鉴纲目序例》写成年知《凡例》成于乾道八年[①]。有观点(如王懋竑《朱子年谱》)认为序成之年即《纲目》成书之年，非是。因朱熹有全书未成而《序》已先成的先例。[②]且由之后的信件、语类等可知，此时全书未成。又如束景南先生认为"乾道八年四月他(朱熹)完成了《资治通鉴纲目》的初稿"。[③]

(二)《提要》草创阶段

关于《提要》纂修和修改，《朱熹文集》《朱子语类》等未有明确记载，然考其《纲》之雏形这一性质，则《纲目》的纂修和修改实质上也包含了《提要》的纂修与修改。考王懋竑《朱子年谱》(以下简称王谱)、束景南《朱熹年谱长编》(以下简称束谱)有如下资料:

某此无他，但为《通鉴》课程所迫，无复优游潜玩之功，甚思讲论耳。已看到后汉章帝处，只三四日当毕，向后功夫却不多矣。不免且挪功夫了却《易说》。(《朱文公文集·续集》卷二《答蔡季通》书九十二)

此书束谱定在乾道五年十月。对于《凡例》之前的《提要》写作，不妨作如是观，即《凡例》需要建立在一定量的积累上，而这些具体的例子可以说就是得出《凡例》这一规律性认识前的某些必要的积累，其后才是在《凡例》指导下的大量《提要》写作。这很好地说明了为什么有的《提要》内容

① 《序例》即《凡例》序。

严文儒.朱熹《资治通鉴纲目》丛考[A].纪念朱熹诞辰870周年逝世800周年论文集[M].上海:华东师范大学出版社，2000:302.

② 钱穆.通鉴纲目与通鉴记事本末[A].中国史学名著[M].北京:三联书店，2000:190.

③ 束景南.朱子大传[M].北京:商务印书馆，2003:333.

与《凡例》不符，除了传统学者认为的成于他人之手这一观点外，笔者认为这是一个写作阶段的问题。即写作《凡例》前的初步认识阶段和《凡例》写成后据此概括的内容，两者不但在时间上存在差距，在对史料处理上亦不尽同。笔者为叙述方便，仍将《凡例》写作前的准备性工作与之后的《提要》写作放在一起。

又如：

《通鉴》节只名《纲目》，取举一纲众目张之义，《条例》亦已定矣。三国竟须以蜀汉为正统，方得心安耳。(《朱文公文集·续集卷二》之《答蔡季通书》一百零四）

此书王谱定在壬辰（乾道八年，公元1172年）。

又如：

《通鉴》方此修改未定，旧本太略，不成文字也。

大概乾道八年之前，《提要》已着手。等积累到一定量之后，才有《凡例》,（参见《朱子新学案》）之后《提要》进入大量的撰修阶段，朱熹与同志（蔡元定、李宗思等）又做了进一步努力，如：

《通鉴纲目》三国以后草稿之属，临行忘记说及。今想随行有的便（方便）旋付及，幸甚。唐事已了。但欲东汉之末接三国，修之庶几有绪，易为力耳。……近游诚之相过，开爽可喜，渠南北（朝）事甚孰，或取过伯起者托渠料理也。(《朱文公文集续集》卷八《答李伯谏》书一）

又如：

《通鉴纲目》文字，近方得暇修得数卷，南北朝者，伯起不承当，已托元善（詹体仁）矣。度渠必能成之。但见修者已殊费功夫，盖旧看正史不熟，仓卒无讨头处。计今秋可了见到者，余者望早付及。(《朱文公文集续集》卷八《答李伯谏》书二）

又如：

《通鉴》诸书，全不得下功。前次却修得晋事，粗定条例，因事参考，亦颇详密。但晋事最末两三卷未到，故前书奉逑。今承喻已寄少舆处……宋以后事，分属张元善（即詹体仁），已修得大字数卷来，尚未得点勘。若得年岁间无出入，有人抄写，此甚不难了。(《朱文公文集续集》卷八《答李伯谏》书三）

此三书前后相及，束谱认为第一书作于乾道八年九月（游诚之九月来见朱熹，见下），第二书作于九年（1173年）七月（其中言及作《蕲州教授厅记》)，第三书作于九年冬（其中言及作《六先生像赞》)。可知是次重修《纲目》，李宗思分写东汉至三国以后，詹体仁分写宋以后南北史，其余由蔡元定分写，朱熹乃总其事。其结果如朱熹《答吕伯恭》书（《朱文公文集》卷三十四）所言：

《纲目》草稿略具，俟写校净本毕，即且休歇数月，向后但小作工程，即亦不至劳心也。向来之病，非书累人，乃贪躁内发而然。今当就此作节度，庶几小瘳耳。

此书王《谱》定在乙未（1175年）后。此后提及修改的资料，如：

《纲目》近亦重修及三之一。条例整顿，视前加密矣。异时须求一为隐括，但恐不欲入此千古是非林中担当一分。然其大义例，熹已执其咎矣。但恐微细事情有所漏落、却失眼目，所以须明者一为过目耳。(《朱文公文集》卷三十四《答吕伯恭》)

又如：

《纲目》亦修得二十许卷，此一卷是正本五卷，义例益精密。上下千有余年，乱臣贼子，真无所匿其形矣。恨相去远，不得少借余力，一加订正。异时脱稿，终当以奉累耳。(《朱文公文集》卷三十五《答刘子澄》)

又如：

《通鉴纲目》近再修至汉晋间，条例稍举。今亦谩录数项，上呈。但近年衰悴目昏，灯下全看小字，不得甚，欲及早修纂成书而多事分夺，无力誊写，未知何时可得脱稿，求教耳。(《朱文公文集》卷三十二《答张敬夫》)

以上三书皆同时略相先后之语，据王谱分别在丙申（1176年）、丁酉（1177年）、戊戌（1178年）三年。束谱稍有差异，而大致亦定在丙申年

（1176年）左右。可知这几年朱熹为《纲目》用力颇深而成果也是较为显著的。即如下所言：

此间数日来整顿《纲目》，事却甚简。乃知日前觉得繁，只是局生。要之天下事，一一身亲历过，更就其中屡省而深察之，方是真实穷理，自然不费心力也。（《朱文公文集续集》卷一《答黄直卿》）

初稿草成之际，朱熹亲为审定，却觉其事甚简，不甚繁重。由《凡例》到《纲目》草稿成型的过程，这也是朱熹亲撰《提要》之确证。由于未睹单列《提要》成书经过的文献，故笔者仅将与之关系较密的《纲目》成书经过列上。

（三）《提要》之后的完善阶段

修订之事于《纲目》成型后并未稍停，束谱认为朱熹曾于淳熙五年（1178年）重修《通鉴纲目》（以《朱文公文集》卷三十四《答吕伯恭》书七为证），时年四十九岁。淳熙十年（1183年）再修订《资治通鉴纲目》，时年五十四。书证如下：

《资治通鉴》亦尝妄有论次，数年之前草稿略具。……今若少宽原隰之劳，更窃斗升之禄，假以岁月，卒成此书。

大贴黄云："臣旧读《资治通鉴》……因窃妄意就其事实别为一书……名曰《资治通鉴纲目》，如蒙圣慈许就闲职，即当缮写首篇草本，先次进呈。（《朱文公文集》卷二十二《辞免江东提刑奏状三》）

王谱此书定在壬寅（1182年）。

又如：

《纲目》数日曾看得否？《高纪》中数语极佳，如立口赋法及求贤诏，皆合入，更烦推此类添入。有看三册，旋付此童来。（《朱文公文集》卷四十四《答蔡季通》书五之五）

别又旬日……即日秋暑……《古易》纳上，坊中更有王日休所刊，求之未获。……鄙意与伯谏深欲季通一来，稍霁便望命驾。……《通鉴》签帖甚精密，乍到此，未暇子细，并俟相见面论。(《朱文公文集》卷四十四《答蔡季通》书五之六)

晚年朱熹对《纲目》亦时时挂怀，庆元五年（1199）朱熹又在赵师渊帮助下对《纲目》作了整理，时年七十岁。此次整理有朱、赵两人论《纲目》八书为证。后人对这次成果的评价以徐昭文《资治通鉴纲目考证序》为代表，曰："初，朱子之修是书也，《凡例》既定，晚年付门人讷斋赵氏接纳成之。今所存语录多面命之辞，手书告诫至甚谆切，其曰：'《纲目》谨严而无脱落，目欲详备而不烦冗。'岂讷斋属笔之际尚欠详谨。故有脱误，失朱子之本意。"朱熹唯恐自己"纲目竟无心力整顿得，恐为弃井矣。"(《朱文公文集续集》卷二《答蔡季通》)故前后有蔡、李、赵等人为辅。朱熹本人的贡献在于对《提要》(成书前的《纲目》之《纲》)的把握上。《提要》即全书灵魂所在，秉春秋笔法，高张义理之帜乃至"陶铸历代之偏驳，会归一理之纯粹"(赵希弁《读书附志》语)等特点都是由《纲》来体现的，作为《纲》的前身，《提要》从无到有，在从粗糙到精密的过程中体现了朱熹经学史学观的成熟过程。

然《提要》虽历经修改而成其为《纲》却仍未能让朱熹满意，所以《纲目》一书始终未能定稿刊刻。朱熹以强仕之年起意编写，之后几十年间亦未尝稍忘，然直至其身殁之时未安之理终究未释。其弟子黄榦悯其情而于《朱子行状》云："《通鉴纲目》仅能成编，每以未及修补为恨。"这是因为朱熹在纂修时，即要以义理统史实，将传统经学领域内的伦理观念、道德准则渗透到史学领域（此即漆侠先生《朱熹与史学》一文提到的"朱熹视史学为经学附庸"），而同时又要具备秉笔直书的史家传统，至少不能与史实偏离得太远，其间冲突自无以调和。束景南先生《朱子大传》指出，这就是本义理与主实事的矛盾[①]，即史法与义法的矛盾。

① 束景南，朱子大传[M].北京:商务印书馆，2003:339.

三、《提要》的取材

《资治通鉴纲目提要》是以《资治通鉴》《资治通鉴目录》《资治通鉴举要》《资治通鉴举要补遗》为主要来源，而参以各朝正史和其他资料，它的原始资料今多存世，故其史料价值不大。但从其取材上可以反映朱熹的史观及产生这种史观的时代背景并进而说明《提要》在当时的作用。

现以《提要》与《通鉴》相异处为例。

李方子后序："《纲》仿春秋而参取群史之良"。说明朱熹在写《提要》时适当地选取了前代史书的成果。所谓"良"的标准，笔者认为既是支持朱熹"明天道、定人道"这一核心的史料。比如关于三国时期的正统问题，今比较《后汉书》与《纲目》，发现《纲目》在写曹操、曹丕时多袭用《后汉书》。如：

1.《献纪》曹操自为丞相。

《纲目》(建安十三年) 曹操自为丞相。

2.《献纪》曹操自立为魏公，加九锡。

《纲目》(建安十八年) 曹操自立为魏公，加九锡。

3.《献纪》曹操杀皇后伏氏，灭其族及其二子。

《纲目》(建安十九年) 魏公操杀皇后伏氏及皇子二人。

4.《献纪》曹操自进号魏王。

《纲目》(建安二十一年) 魏公操进爵为王。

5.《献纪》魏王丕称天子，奉帝为山阳公。

《纲目》(建安二十五年) 魏王曹丕称皇帝，废帝为山阳公。

可见《纲目》写这一历史时期时对曹魏的定位。《后汉书》以汉为正统，曹魏显是篡夺，而《纲目》在正统论上对这个时期先以汉为正统，后又以蜀汉继汉统。这在《纲目》目录分卷时就是如此。故而若遇与《通鉴》因正统观不同而歧异之处，则引用前代史书正统观相同者。

同样的例子还有，武则天执政时期的年号，依范祖禹《唐鉴》书"嗣圣几年”而不依《通鉴》。[①]

朱熹的正统观与具体的时代背景是十分密切的。以三国正统而言，“陈氏生于西晋，司马氏生于北宋，苟黜曹魏之禅让，将置君父于何地？而习与朱子，则固南渡之人也，惟恐中原之争正统也。诸贤易地而皆然”[②]。故为蜀汉争正统是朱熹以义理统帅史实的一个典型，基于中原业已沦陷的现实，《提要》此语不啻为振臂之呼，为偏安一隅之南宋皇朝争正统，兼以勖国人民族之自信。其拳拳之心、眷眷之志可以想见，其用心可谓良苦。

在个别历史人物的评价上，朱熹为张扬其义理而贬斥司马光维护的人物，如《朱文公文集》卷三十七《答尤延之》一书，有“蒙教扬雄、荀彧二事，按温公旧例，凡莽臣皆书死，如太师王舜之类。独于扬雄匿其所受莽朝官，而以‘卒’书，似涉曲笔。不免却按本例书之曰‘莽大夫扬雄死’，以为足以警夫畏死失节之流，而初亦未改温公直笔之正例也。”出于这种维护纲常、强调事君以忠的思想，在朱熹所处时代背景下考虑，是有其积极意义的。

也有朱熹在书信等资料中指出《通鉴》为误，而《提要》仍其旧的。以唐代为例，今刊本唐中宗书“上观灯于市里”，玄宗书“上躬耕兴庆宫侧”“上艾麦苑中”“上复幸左藏”，肃宗书“上朝太上皇于西内”，代宗书“上如陕州”“上还长安”“上幸章敬寺”，德宗书“上生日不受献”，穆宗书“上畋骊山”，文宗书“上有疾”，武宗书“上受法箓”，懿宗书“上历拜十六陵”，僖宗书“上奔凤翔”，昭宗书“上更名”“上祀圆丘”“上如石门镇”，皆不书“帝”。则《提要》所引的原始资料当是当时人记录的史料无疑。朱熹看到了这个问题，他说：“昨日略看，更有一例。如人主称上，称车驾行幸，皆臣子之辞。我师我行人之属皆内词。皆非所宜施于异代，此类更续别考。”（《朱文公文集》卷四十四,《答蔡季通》）而这个失误并没有在后来的《纲目》刊本上得到纠正，可谓贯彻不力。还有两则材料,《提要》书“帝”而《纲目》作“上”，一为汉桓帝延熹六年“冬，十月。上校猎广成，遂至上林苑”；一

① 钱穆.通鉴纲目与通鉴记事本末[A]，中国史学名著[M].北京:三联书店，2000:190.

② 章学诚.文史通义・文德[M].沈阳:辽宁教育出版社，1998.

为唐昭宗天祐元年“夏四月。上至洛阳”。这两则更有可能是后世刊刻出现的错误。

另如唐代太子即位不书名这一事实，明人张自勋《纲目续麟》说：“如唐以前太子即位皆书名，至唐独不书名，刘友益曲为之说。自勋则以为太子即位前史皆书名，至《唐书·本纪》独不书名，《纲目》不过误从史文。”

以上两则材料存在问题与纂修的步骤有关，即先定《凡例》，再依此写出大纲（即《提要》），再由《提要》找相关史料，最后再经过加工而成《纲目》定稿。以上唐代内容恐是其未暇加工处。体例不纯之讥，得无免乎？

《提要》取材及由此产生的漏洞说明《提要》没有对原材料进行审慎的处理，通常正史、《通鉴》有误的，《提要》亦误。这说明《提要》不以史料或史料考证见长，它的长处是秉承一字褒贬的春秋笔法。这一撰修目的说明了史料和事实只是第二位的，只是朱熹在论证“明天道、定人道”时的论据，而它的论点则在于分析史料的角度和态度。

第二章

《提要》版本流传经过及研究方法

朱熹死后，其子朱在以家藏《纲目提要》原稿为底本，供真德秀刻板印刷。此即真德秀在泉州刊刻《纲目》同时，又单刻的《纲目提要》五十九卷。这是《提要》的首次刊刻，也是唯一一次。后世不刻的原因笔者认为有二：一是，《纲目》之《纲》包含了《提要》表述的内容，尽管两者文字不尽同，而《提要》流传意义不大，故而没有必要翻刻；二是，《纲目》通行本问世后，流通量超过初刻本，为保证宣传口径的一致性，没有必要将文字多有龃龉的《提要》刊刻。届于以上原因，《提要》一般就为学者研究之用，而《纲目》通行本则是社会上普及和推广的版本。

尽管数量不多，但是因为与《纲目》同时出现，所以在历代目录书中还是有著录可查。

一、著录

查考历代著录，宋代陈孔硕《〈资治通鉴纲目〉后序》有："右《资治通鉴纲目》《提要》各五十九卷"；宋代赵希弁《郡斋读书志·附志》著录为："右《资治通鉴纲目提要》，存其《纲》而去其《目》，如《春秋》之经也。希弁所藏乃赵希栞刻于庐陵者。"；《宋史》卷二百零三《艺文二》著录有"朱熹《资治通鉴纲目》五十九卷，又《提要》五十九卷"；宋代陈振孙《直斋书录解题》卷四史部编年类《资治通鉴纲目提要》条著录为"此书尝刻于温陵，别其纲谓之《提要》，今板在监中"。元代马端临《文献通考》引用了陈氏的这段文字，此后，这段文字还被后人广为引用，如清代于敏中《天禄琳琅书目》卷二宋版史部、清耿文光《万卷精华楼藏书记》卷二十九史部编年类。

年代较近的著录有明代叶盛《菉竹堂书目·卷二》所载"《通鉴纲目》十四册,《纲目提要》十册"。《文渊阁书目》(卷二)有"《通鉴纲目》一部十册,《纲目提要》一部四册"

二、后世对《提要》的引用、研究

虽有著录,但此书今已不可见,查考历代著述,最早引用此书的是尹起莘《资治通鉴纲目发明》五十九卷,该书单行本现存有藏于北京图书馆、上海图书馆等处的明内府刻本。尹氏服膺于朱子之说,对于原书存在龃龉处则曲尽维护以至为后人诟病。

此后宋人刘友益《资治通鉴纲目书法》五十九卷也引用了《提要》内容,该书单行本现存有北京图书馆藏元刻本(存七卷)。以上两种宋人著述只提及《提要》,而未对《提要》做进一步的研究。

元人王幼学《纲目集览》五十九卷。考《安庆府志》,幼学字行卿,望江人。博览经史,宗程朱之学,至元间躬耕慈湖之坂,与学者讲道不辍,时称为慈湖先生。该书有明魏氏仁实书堂刊本。(见《天禄琳琅书目·卷五元版史部》)

元人徐昭文《纲目考证》,徐氏有至正己亥(1359年)所作《资治通鉴纲目考证序》。《考证》引用《提要》与《纲目》异文处,是把《提要》引入校勘的尝试,本书附录保存了几条辑自《考证》的《提要》内容。

从校勘价值上对《提要》做出重视的第一人是元代汪克宽。"克宽字仲裕,祁门人。元举于乡,不第,遂隐居教授,明初预修元史,程敏政目为史局第一人。"①。汪氏《资治通鉴纲目考异》在遇到《纲目》与《提要》存在异文时详细列出《提要》内容,这一做法极大程度上保存了《提要》的文字。在《纲目》与《提要》孰是的问题,他认为"《纲目》刊本及《提要》,互有得失",所以"如此类者,今并录之,以俟来哲择善而从",此外他还推求造

① 凌迪知《万姓统谱》,《四库全书》文渊阁本。

成这种情况的原因，认为是“当时刊刻阅之未详也”。目前，《纲目考异》一书的单行本有2016年北京师范大学出版社出版的汪克宽撰，毛瑞芳、谢辉整理的《资治通鉴纲目提考异》。所幸明初刻本（现藏于上海图书馆）首次将宋人尹起莘《纲目发明》、元人王幼学《纲目集览》及此书散附于正文各条之下，每卷末附有明人陈济所撰《纲目集览正误》。此后版本也依例多将前代和同时代《纲目》研究著作附于各条之下，因此《纲目考异》之书得存。

《纲目》注解之书主要有七家，到明弘治十一年慎独斋本（藏于北京大学、南京图书馆），首次将自宋至明成化年间七家注（汪克宽《纲目考异》、徐昭文《考证》、王幼学《集览》、陈济《正误》、冯智书《质实》、刘友益《书法》、尹起莘《发明》）散附于《纲目》正文之下。[①]而慎独斋本的排序也说明了《纲目考异》一书的价值已提升到重要地位。而《纲目提要》亦可由此而窥其一斑。

本书所指《提要》即主要辑自《纲目》清康熙四十七年武英殿刻本注文中《纲目考异》部分保存的《提要》内容。

然汪氏摘录的《提要》并非都是将包含异文的文字内容全部摘录，事实上他的摘录分为几种。

第一，列出全部文字。为数极少，只是在两者差别较大时才出现。

第二，以《提要》“某”作“某”或《提要》无“某”至“某”，《提要》有“某”至“某”等形式出现。这种占绝大多数。

由于汪氏所据《纲目》刊本并非此次辑佚所用之本，而历代附刻有《纲目考异》的《纲目》版本亦未见某本有明确说明为汪氏所据本，这样，汪氏所省略的文字，笔者在辑佚过程中不能保证就是完全的《提要》原文。如“宋主”与“宋王”，“复位”与“复立”。这类非关键词的差异是由流传过程中版本的不同造成的，在没有进行版本考订前，现仍其旧，以武英殿本《纲目》为底本。

① 严文儒.《资治通鉴纲目》版本源流考[A]，徐德明等.朱熹著作版本源流考[M].北京:中国文献出版社，2000.

七家注明代较为有名的有：

明代陈济《资治通鉴纲目集览正误》。陈济，字伯载，武进人。成祖诏修《永乐大典》，用大臣荐，以布衣召为都总裁。《明史》有传。《集览正误》有永乐壬寅（1422年）序一篇。

明代冯智舒《资治通鉴纲目质实》，此书也有少量《提要》佚文。由《质实》等书可知，至少明代时《提要》还是存世的。

以上七家各有侧重点，故价值也不同。依《四库全书总目·卷八八》，则《发明》《书法》重在疏通义旨；《集览》《考证》《集览正误》《质实》重在笺释名物；《纲目考异》重在辨正其传写差互。各书引用《提要》的量不尽相同，现存书中以《纲目考异》保存最多，其他如《考证》《质实》等书只有寥寥几条。

明末清初研究《提要》较为著名的有张自勋，但是他没有亲见《提要》，他所根据的内容也是保留在汪克宽《纲目考异》中的文字。他继承汪氏对异文比勘的研究方法，在《纲目续麟》中对《提要》和《纲目》的是非问题结合此前各注家的分析做出判断，并依据《凡例》和全书体例，做出自己的论断。

三、本书研究方法

本书研究《提要》，就是利用现存各家注解中保存的《提要》内容，用文献学方法对《提要》进行辑佚、比对、考订、分析。其意义在于追本溯源，尽可能在最大程度上看出最初成型时的《提要》，并将其与《纲目》初期刻本、《纲目》通行本进行比较，从比较中得出朱熹思想的演进和后人对《纲目》一书的修改及其意义。

第三章

从《提要》到《纲目》看朱熹思想的演进

比较康熙四十七年武英殿《资治通鉴纲目》刊本和汪克宽《资治通鉴纲目考异》、徐昭文《纲目考证》、冯智舒《资治通鉴纲目质实》中保存的《提要》，其不同之处据笔者统计约有340多处。考国家图书馆藏宋乾道壬辰（公元1172年）刻本、宋嘉定十二年（公元1219年）温陵郡斋刻本、安徽教育出版社2010年修订版《朱子全书》本《资治通鉴纲目》，知《纲目》初刻本与《提要》的差异尚不足其半，而文字差异多半为后世通行本与前两者的差别。所以，有必要区别朱熹亲改的《提要》和后人根据朱熹所依史籍及朱子《凡例》而改的部分。由乾道壬辰本、温陵郡斋本《朱子全书》知《纲目》初期刻本和后人保存的《提要》约有170处不同。归到每卷，则有如下数据：卷一，36/37[①]；卷二，14/18；卷三，0/6；卷四，1/6；卷五，1/3；卷六，0/3；卷七，3/4；卷八，1/3；卷九，11/12；卷十，2/3；卷十一，1/5；卷十二，8/9；卷十三，0/3；卷十四，5/9；卷十五，2/5；卷十六，3/6；卷十七，3/8；卷十八，1/6；卷十九，0/4；卷二十，3/9；卷二十一，1/3；卷二十二，19/19；卷二十三，3/10；卷二十四，6/10；卷二十五，1/2；卷二十六，2/5；卷二十七，0/9；卷二十八，2/12；卷二十九，0/8；卷三十，1/8；卷三十一，5/5；卷三十二，7/10；卷三十三，2/3；卷三十四，1/2；卷三十五，0/1；卷三十六，3/3；卷三十七，3/3；卷三十八，0/2；卷三十九，2/7；卷四十，0/1；卷四十一，1/6；卷四十二，0/2；卷四十三，0/3；卷四十四，0/2；卷四十五，2/5；卷四十六，0/0；卷四十七，2/4；卷四十八，2/8；卷四十九，2/6；卷五十，0/4；卷五十一，1/6；卷五十二，0/1；卷五十三，1/2；卷五十四，2/2；卷五十五，1/2；卷五十六，0/1；卷五十七，0/1；卷五十八，0/5；卷五十九，

① 前一数字为《纲目》初刻本的数据，后一数字为武英殿本数据。

0/1。

由于《纲目》本身在史实考订等方面有纰漏，所以后人每依当时正史、《通鉴》版本而改《纲目》，或依个人理解径改《纲目》，而智识有不足处，以至扭曲《纲目》原貌。这就造成后来《纲目》与《提要》差距越来越大。《提要》由于未做再版，且流传意义不及《纲目》，所以得以保持原貌。而今人也可以从《提要》、《纲目》初期刻本、《纲目》通行本等三者差别来看出演变的轨迹。以乾道壬辰本、温陵郡斋本《朱子全书》之底本《资治通鉴纲目》为代表的初期刻本及其递修本系统（以下简称《朱子全书》本）与《提要》及武英殿本为代表的后世通行本比较，差异之处有以下三种情况：一、《提要》不同于温陵刻本等初期刻本和《纲目》通行本，而初期刻本与《纲目》通行本相同；二、《提要》与初期刻本相同，但不同于通行本；三、《提要》不同于初期刻本，也不同于《纲目》通行本。

现将第一种情况，即《提要》与《纲目》初期刻本170左右个不同处做一分类，大致有以下几种。

一、文字上的增删和句式的修改

表面上看这一部分在历史事实上没有太大差异，只是行文上略加调整。但若结合《凡例》考察，“书”与“不书”意义仍有区别。试再做分类，有如下几种。

（一）加官爵名

卷一　丙子　周赧王三十年（公元前285年）

[提要] 齐杀狐咺、陈举。燕使乐毅如赵。

[纲目] 齐杀狐咺、陈举。燕使亚卿乐毅如赵。

按，《资治通鉴》（卷四）作“使乐毅约赵”。《凡例・聘问例》“非正统曰某使某如某”注云“燕乐毅”，则此条当从《提要》去“亚卿”[①]二字。

此外,《纲目》初期刻本与《提要》相比加官名的还有：22–9（指本书《附录》卷二十二，第九条，下同）、22–11、22–12、23–2、23–7、24–1、24–3;《纲目》初期刻本与《提要》相比去官爵各有：23–8。

（二）加姓或删姓

卷二十五　己巳　宋文皇帝元嘉六年（公元429年）

［**提要**］武都王玄卒，弟难当废其子保宗而自立。

［**纲目**］武都王杨玄卒，弟难当废其子保宗而自立。

按,《资治通鉴》（卷一百二十一）（中华书局点校本 第3812页）作：“武都孝昭王杨玄疾病……难当乃废保宗，自称……武都王。”《大事记续编》（卷三十六）作：“武都王杨玄卒，其弟难当废其子保宗自立。”

卷十四　丁酉　汉献皇帝建安二十二年（公元217年）

［**提要**］孙权遣陆逊讨丹阳山越。平之。

［**纲目**］权遣陆逊讨丹阳山越。平之。

按，本句之前有“孙权陆口守将鲁肃卒，权以吕蒙代之”，则本句顺其文意宜同《纲目》作“权”。后出之书《历代通鉴辑览》（卷二十七）同《提要》;《纲目续麟》（卷七）、《纲目续麟》（汇览卷上）、《管窥外编》（卷下）同《纲目》。

（三）加国名或地名

卷一　壬申　周赧王二十六年（公元前285年）

［**提要**］大良造白起伐魏。取六十一城。

［**纲目**］秦大良造白起伐魏。取六十一城。

---

① 亚卿：先秦时称职次于正卿之官为亚卿。

按,《史记·白起王翦列传》(卷七十三)(中华书局点校本 第2331页)作:“白起为大良造。攻魏,拔之,取城小大六十一。”《资治通鉴》(卷四)(中华书局点校本 第122页)作:“秦大良造白起、客卿错伐魏,至轵,取城大小六十一。”

“大良造”为秦官名,白起为大良造在秦昭王二十九年,官名上加“秦”字,征伐施动方更为直接。故“秦”字不可漏。

卷一　辛巳　周赧王三十五年(公元前280年)

[**提要**]秦白起伐赵,取代光狼城。司马错因蜀伐楚,拔黔中。楚献汉北上庸。

[**纲目**]秦白起伐赵,取代光狼城。司马错因蜀伐楚,拔黔中。楚献汉北上庸于秦。

按,乾道壬辰本“白起伐赵”作“白起代赵”。《史记·楚世家》(卷四十)(中华书局点校本 第1735页)作:“(顷襄王)十九年,秦伐楚,楚军败,割上庸、汉北地予秦。”《资治通鉴》(卷四)(中华书局点校本 第134—135页)作:“秦白起败赵军,斩首二万,取代光狼城。又使司马错发陇西兵,因蜀攻楚黔中,拔之。楚献汉北上庸地。”

卷一　辛丑　周赧王五十五年(公元前260年)

[**提要**]秦王龁攻上党,拔之。白起代将,大破赵军,杀其将赵括,坑降卒四十万。

[**纲目**]秦王龁攻赵上党,拔之。白起代将,大破赵军,杀其将赵括,坑降卒四十万。

按,《史记·秦本纪》(卷五)(中华书局点校本 第213页)作:“(昭襄王)四十七年,秦攻韩上党,上党降赵,秦因攻赵,赵发兵击秦,相距。秦使武安君白起击,大破赵于长平,四十余万尽杀之。”

“上党”原为韩地,而秦攻之时其民降赵,书“赵”则知秦赵交兵。《纲目续麟》(卷一)认为:“上党书赵,罪赵也,圣人甚祸无故之利,平阳君已言，赵不量力轻纳其地，至丧卒四十万，祸可胜道哉，书‘赵上党’著祸本也。”

此类改动较多，如：“大饥”——“秦大饥”2-5（卷二，第五条）。

（四）省文和具文

如增加或删去“将兵”“帅师”“还军”“等州”等字样。

省文是因为《提要》具有初创性，其写作提纲的性质决定以得“意”为主，文字具有大致的表现力即可。而《纲目》初刻本是在《提要》基础上做的修改，对史实力求详尽、体例力求严谨自是应该。

卷一　戊辰　周赧王二十二年（公元前293年）

［**提要**］魏、韩伐秦。秦左更白起将兵败之。拔五城。

［**纲目**］魏、韩伐秦。秦左更白起败之。拔五城。

按，《史记·秦本纪》（卷五）（中华书局点校本 第212页）作：“（昭襄王十四年）左更白起攻韩、魏于伊阙，斩首二十四万，虏公孙喜，拔五城。”《史记·白起王翦列传》（卷七十三）（中华书局点校本 第2331页）作：“白起为左更，攻韩、魏于伊阙，斩首二十四万，又虏其将公孙喜，拔五城。”《资治通鉴》（卷四）（中华书局点校本 第120页）作：“韩公孙喜、魏人伐秦。穰侯荐左更白起于秦王以代向寿将兵，败魏师、韩师于伊阙，斩首二十四万级，虏公孙喜，拔五城。”

《纲目》去掉冗词，行文更为简洁。

（五）句式的调整或顺序的微调

卷一　辛卯　周赧王四十五年（公元前270年）

［**提要**］魏人范睢入秦，秦以为客卿。

［**纲目**］秦以范睢为客卿。

按，《资治通鉴》（卷五）（中华书局点校本 第160页）作："以范雎为客卿。"修改后文字表述更加简洁清楚。

《纲目续麟》认为："当从《提要》先书魏人范雎入秦，见魏有人不能用，弃以资秦，且系雎于魏又以见雎本羁旅之客，秦加之上位，足见其用人不拘一格。"

卷一　壬寅　周赧王五十六年（公元前259年）

［提要］魏相孔斌免。

［纲目］魏以孔斌为相，寻以病免。

按，《资治通鉴》（卷五）（中华书局点校本 第174—175页）作："初魏王闻子顺贤，遣使者奉黄金束帛，聘以为相。……退而以病致仕。"

《纲目》史实更加具体，不仅特道出"免"的事实，还说明了"免"的理由及时间。《纲目续麟》（卷一）认为："以病者斌也，寻免者魏也，书寻以病免惜斌而罪魏也，斌固贤者，使魏始终任之，国犹可为，陈计不用，遂以病免，魏用人若此，能保其不为秦乎？此《纲目》所深惜也，故书之异于常辞。如《提要》所书与秦免范雎无异，何以著斌之贤哉？"

二、补充史实

《纲目》或补充了《提要》未载之事或根据《凡例》交代历史细节以扩充记载面，即把视线从以帝王和高级官僚为主体的政治、军事事件中有限地向社会其他层面延伸。而这些材料的记载与否，体现出朱熹对这些历史事件的看法和态度。

1. 卷一　壬寅　周慎靓王二年（公元前319年）

［提要］魏君罃卒。

［纲目］魏君罃卒。孟轲去魏适齐。

严文儒先生按语："魏君罃卒，子襄王立。孟子以为不似人君，故而去魏适齐，事见《孟子·梁惠王上》。纲之文比《提要》多六字，却更能体现朱熹尊崇孔孟之思想。”

另《凡例·人事例》:“凡一人之往来去就，关于国家利害，系时世轻重者，不以贤否皆书。”下有注文“孟轲”之类。且上文周显王三十三年《纲目》书“孟轲至魏”；周赧王元年《纲目》书“孟轲去齐”则去魏亦当书。

2. 卷一　庚申　周赧王十四年（公元前301年）

［提要］（无）

［纲目］蜀守叛秦，秦诛之。

按,《史记·秦本纪》（卷五）（中华书局点校本 第210页）作：“（昭襄王六年）蜀侯煇反，司马错定蜀。”《资治通鉴》（卷三）（中华书局点校本 第109页）作：“蜀宁晖叛秦，秦司马错往诛之。”

考《纲目》周慎靓王五年“秦伐蜀，取之”。张自勋《纲目续麟》（卷一）认为：“秦之取蜀非义服也，书叛书诛,《纲目》何予秦而罪蜀之深邪?《提要》不书良是,《纲目》赘。”

3. 卷一　乙亥　周赧王二十九年（公元前286年）

［提要］秦击魏，魏献安邑以和。

［纲目］秦击魏，魏献安邑以和。秦出其人，募民徙之。

按,《史记·秦本纪》（卷五）（中华书局点校本 第212页）作：“（昭襄王二十一年），错攻魏河内。魏献安邑，秦出其人，募徙河东赐爵，赦罪人迁之。”《资治通鉴》（卷四）（中华书局点校本 第123页）作：“秦司马错击魏河内。魏献安邑以和，秦出其人归之魏。”

《纲目》补充史实，连书有关事件。《提要》不书，则无以见秦“出其人”之恶，因“出其人”所以需“募民徙之”，这八个字说明魏献地后秦对于该地的管理方法。

4. 卷二　庚戌　秦昭襄王之五十六年（公元前251年）

［提要］（无）

[纲目] 赵公子胜卒。

按,《资治通鉴》(卷六)(中华书局点校本 第197页)有“赵平原君卒”。《纲目》下文“秦王政三年”有“魏公子无忌卒”,但同卷二第二条“赵侯籍卒”不书理由一样,即卒魏不卒赵。

《纲目续麟》(卷一)认为:“当从《提要》删‘赵公子胜卒’五字。《纲目》不皆卒诸侯,况大夫乎?四子之中惟平原最劣。”

5. 己巳 秦王政十五年(公元前232年)

[提要](无)

[纲目] 燕太子丹,自秦亡归。

按,《史记·刺客列传》(卷八十六)(中华书局点校本 第2528页)作:“燕太子丹质秦亡归燕。”《资治通鉴》(卷六)(中华书局点校本 第222页)作:“初燕太子丹尝质于赵,与王善。王即位,丹为质于秦,王不礼焉。丹怒,亡归。”

《纲目》此条可补充史实。《纲目续麟》认为:“书太子丹自秦亡归,著燕祸之始也,秦之图燕虽不自丹始,而燕之见灭于秦,则丹激成之也,一朝之忿,忘身及亲,丹之谓与,《提要》不书,非是。”

6. 己卯 秦王政二十五年(公元前222年)

[提要](无)

[纲目] 五月,天下大酺。

按,《史记·秦始皇本纪》(卷六)(中华书局点校本 第234页)作:“五月,天下大酺。”《资治通鉴》(卷七)(中华书局点校本 第232页)作:“五月,天下大酺。”

《纲目续麟》认为“《提要》不书,因其时秦虽灭五国,齐犹在也,安得亟以天下归秦?”

7. 丁亥 秦始皇三十三年(公元前214年)

[提要] 略取南越地,置桂林、南海、象郡。

[纲目] 略取南越地，置桂林、南海、象郡。以谪徙民五十万戍之。

按,《纲目》补充史实。

史料去取于编撰思想关系甚大，此类不见后人补作，皆朱子亲为之。

三、微言大义，继承以一字寓褒贬的《春秋》笔法

相当一部分《纲目》对《提要》的修订是可圈可点的，是《纲目》一书的精神所在。这部分文字也承载了朱熹“明天道、定人道”的思想。其中不乏与《凡例》冲突之处，但正是这些特例，表明了朱熹本人的态度、旌表了朱熹认为有突出贡献的历史人物。《纲目》无《独行传》，而这些特例所起的作用，恰恰如传统正史中的《独行传》或《卓行传》。

1. 卷二十四　丁卯　宋文皇帝元嘉四年（公元427年）

[提要] 晋处士陶潜卒。

[纲目] 晋征士陶潜卒。

按,《朱子全书》本同《提要》。《草木子》(卷二)、《古今源流至论·别集》(卷一)、《明文海》(卷七十六）书“处士”;《纲目续麟》、《历代通鉴辑览》、《池北偶谈》(卷十二)、《俨山外集》(卷七)、《文宪集》(卷十三）作“征士”。

《纲目续麟》认为当从刊本作“征士”。理由是：“潜实为彭泽令，非特征著作郎不就也，以八十余日之令不书，徒以一日之征为据，岂定论哉？”

《篁墩文集》(卷三十六）认为：“夫渊明自以晋朝世辅耻复屈身刘宋，故始终托诗酒以自晦而人莫之知也。朱子《纲目》大书晋征士陶潜卒。于南宋之朝，可谓得渊明本心于千载之上者矣。”

书“晋”人是因陶氏为晋之遗民，书“晋”以“从其志”。现代人著作，如陈垣先生《南宋河北新道教考》，书南宋而实际河北已为金地，因陈先生写此文时，正值抗日战争，北方沦陷，故托微言以见志。与朱熹此条正有相通处。

2. 卷四十八　丁亥　唐宪宗元和二年（公元807年）

［**提要**］二年，春，正月。司徒杜佑致仕。

［**纲目**］二年，春，正月。司徒杜佑请致仕。

按，考《旧唐书》（卷十四），作："二年春正月丁酉，司徒杜佑辞知政事，诏令每月三度入朝，便于中书商量政事。"《资治通鉴》（卷二百三十七）（中华书局点校本 第7639页）作："佑以老疾，请致仕。"《纲目书法》认为：《纲目》书致仕多矣，未有书"请"者，此处书"请"，言未尽得请也。于是犹命每月一再入朝，因至中书议大政，则帝之待之也亦厚矣。终《纲目》，书致仕二十有二，书"请"者一而已矣。

书陶渊明之"卒"赞扬了守节不仕之士，书杜佑"请致仕"则说明对他的重视，并赞扬尊崇儒学的行为。再从上文书"孟轲去魏"等内容可知朱熹对儒学之士及其社会作用的重视。

四、评价

朱熹对《提要》的172处修改使《提要》文字更为精审、正确、详细，其增加的内容也说明了朱熹思维的缜密——或照顾前后体例一致，或认为某事意义较大值得一书。从《提要》修改只见有增补处，未见芟夷处这个事实，可知朱熹初写《提要》时标准极为严格，其后再以符合义理为标准略做扩充，而扩充的内容为原有内容的外围，作用也只是补充而不是淡化原来的中心。或者某种意义上，是原中心的强化——重义理，突出符合义理的人和事以为典范。

第四章

从《提要》、初期刻本看后人对《纲目》之《纲》的修订

由于朱熹的修改重在思想上的强化，所以具体史实仍不免有误，《凡例》与《提要》相戾者亦不在少数，元代汪克宽《资治通鉴纲目考异·凡例》就作了许多这方面的记录。而《纲目》一书的崇高地位使这些错误在推崇者看来如骨鲠在喉，故宋代就有改进版的问世。据严文儒先生《〈资治通鉴纲目〉版本源流考》知宋刻本尚有吉本（庐陵本）和残宋本。由残宋本——元至元丁亥建安詹光祖月崖书堂刻本——元安福州东李氏留耕堂本——元甲本、元乙本，这一刻书源流成为宋元以后流传的主流，明清翻刻《纲目》亦取自这一系列而成为明清之际通行本，其流传范围更广，社会影响也较初刻本深。残宋本对初刻本的改动是直接改正正文，而不是如后人以专著形式作的校正。

从初刻本到残宋本之间的差异，可推测《纲目》版本在流传过程中经历了一次较大修订。修订者谁？是为之作分注的赵师渊，还是另有其人？笔者未能考定，但认为当是朱熹门人弟子或属于朱熹学派之人所为。这样说的理由是，刘友益和汪克宽所用的都是修订后的本子，他们本身是服膺朱子学说的，所以这次修订应当说在大方向上是沿着朱熹既定的目标走的，而且走得更彻底。修订的原因，笔者认为是由于朱熹思想在当时的影响日大，而《纲目》由于未定稿的形式从而存在大到体例不纯，小到史实不确的错误，故而未能称善，这就需要有人来弥合错误，使其书能更加符合人们对它的崇高评价。而此人因是朱熹学派中人，并在当时学者看来是秉其意而改，所以改动是以直接的修订原文这一方式进行的，而且修订版广为接受（如赵希弁之以夔本、吉本参以泉本）。

这次修改有成功之处，却未能将原书的纰漏悉数纠正，并且本身又犯了一些新错误。这就使《纲目》面貌更为混乱。因此，有必要厘清朱熹的本意与后人的附益，即“庶有以考见今传《纲目》中，孰为渊源于朱子之当身，孰为后人所附益，而又有与朱子意见不合者”[①]（钱穆《朱子新学案》）。不必似前人对朱熹之误曲意维护，亦不能将后人之误强加于朱熹。

现将第二类，即《提要》及《纲目》初刻本两书相同而与《纲目》通行本不同的近170处修订作一分类，大致有以下几种。

一、应加肯定的修订

（一）修正《提要》在史实上的错误

《提要》《纲目》初刻本多处因字形相近或前后文相涉等原因将史书误抄（或所据史书即误）。《纲目》通行本对此做了订正。

1. 卷三　壬申　汉文帝十一年（公元前169年）

［提要］冬，梁王揖卒。徙淮阳王武为梁王。

［纲目］夏，梁王揖卒。徙淮阳王武为梁王。

按，《朱子全书》本同《提要》。考《汉书》（卷四）（中华书局点校本 第123页）作：“夏六月，梁王揖薨。”《资治通鉴》（卷十五）（中华书局点校本 第483页）作：“夏六月，梁怀王揖薨。”《纲目》纠正提要之误。这个错误究竟由于笔误还是修书时所据原始资料如此尚不可知。

2. 卷四　甲辰　汉武帝建元四年（公元前137年）

［提要］秋，九月。有星孛于西北。

［纲目］秋，九月。有星孛于东北。

按，乾道壬辰本作“西北”，嘉定本疑作“东北”，《朱子全书》本同《提要》。考《汉书·武帝纪》（卷六）（中华书局点校本 第159页）作：“秋，九月。

---

① 钱穆.朱子新学案[M].成都:巴蜀书社，1986:1595.

有星孛于东北。”《资治通鉴》（卷十七）（中华书局点校本 第567页）作：“秋，九月。有星孛于东北。”《前汉纪·卷十》、《大事记》（卷十一）、《续古今考》（卷十七）同《纲目》。

此处为《纲目》修正《提要》行文错误。

3. 卷五　癸巳　汉武帝后元元年（公元前88年）

[提要] 侍郎仆射马何罗反，伏诛。

[纲目] 侍中仆射马何罗反，伏诛。

按，乾道壬辰本同提要，《朱子全书》本同《提要》。考《资治通鉴》（卷二十二）（中华书局点校本 第743页）作：“侍中仆射马何罗。”另《汉书》（卷六）（中华书局点校本 第211页）作：“侍中仆射莽何罗与弟重合侯通谋反。”

侍中：官名，秦始置，为丞相属官。两汉沿置，属少府，为自列侯以下至郎的加官，无定员，侍从皇帝左右，对应顾问，为皇帝近侍，秩比二千石。

侍郎：官名。秦置，汉沿置。为郎中令（光禄勋）属官。西汉时为宫廷近侍，秩比四百石。

据上述史料，知当从《纲目》作“侍中”，此条属后人据《通鉴》、正史改正《纲目》史实错误之类。

4. 卷三十六　丁巳　隋文帝开皇十七年（公元597年）

[提要] 以义安公主妻突厥突利可汗

[纲目] 以安义公主妻突厥突利可汗

按，《隋书》（卷五十一）作：“以宗女封安义公主妻之。”《隋书·卷八十四》作：“突利遣使来逆女……妻以宗女安义公主。”《资治通鉴》（卷一百七十八）（中华书局点校本 第5558页）作：“突厥突利可汗来逆女，……妻以宗女安义公主。”

据上述史料，此处当从《纲目》刊本。

5. 卷三十九　己丑　唐太宗贞观三年（公元629年）

[提要] 以李靖为通汉道行军总管，统诸军讨突厥。

[纲目]以李靖为定襄道行军总管，统诸军讨突厥。

按，乾道壬辰本同提要，据《朱子全书》本卷校勘记（14）知底本同《提要》。《旧唐书》（卷二）有“冬十一月庚申，以并州都督李世勣为通汉道行军总管，并部尚书李靖为定襄道行军总管，以击突厥”，则此处当从《纲目》。

6. 卷四十一　辛巳　唐高宗开耀元年（公元681年）

[提要]以刘仁轨为太子太傅

[纲目]以刘仁轨为太子少傅

按，乾道壬辰本同提要，《朱子全书》本同《提要》。《旧唐书》（卷五）（中华书局点校本 第107页）作：“三月辛卯，左仆射、同三品刘仁轨兼太子少傅。”则此处当从《纲目》。《资治通鉴》（卷二百二）（中华书局点校本 第6400页）作：“以刘仁轨兼太子少傅。”

太子太傅：官名。始于商、周时。为王太子师傅。唐沿置，与太子太师、太子太保合称“三太”“三师”，为东宫六傅之一。位次太子太师，高于太子太保。

太子少傅：官名。始于商、周，为太子太傅副职，佐太傅辅导太子。与太子太师、太子太保合称“三少”，为东宫六傅之一。位次太子少师，高于太子少保。

《汉书·百官公卿表》（卷十九）作：“太子太傅、少傅，古官。属官有太子门大夫、庶子、先马、舍人。”参见《文献通考》考543中。

7. 卷四十一　辛卯　唐中宗嗣圣八年（公元691年）

[提要]二月，周流其左丞周兴于岭南。

[纲目]二月，周流其右丞周兴于岭南。

按，乾道壬辰本同提要，《旧唐书》（卷一百九十二）（中华书局点校本 第5117页）作：“文昌左丞周兴。”《新唐书·酷吏传》（卷二百九）作：“武后夺政，拜尚书左丞。”《资治通鉴》（卷二百四）（中华书局点校本 第6472页）作：“或告文昌右丞周兴……二月，流兴岭南。”

左丞：官名。秦置尚书丞一人，属少府。汉光武置左右丞二人，佐令仆，掌尚书台纪纲。唐沿置，正四品上。掌管辖诸司，纠正省内，勾吏部、户部、礼部十二司，通判都省事。若右丞缺，则并行之。

8. 卷四十五　己亥　唐肃宗乾元二年（公元759年）

[提要] 二月，日食既。

[纲目] 二月，月食既。

按，考《旧唐书》（卷十）（中华书局点校本 第254页）作：“二月壬子望，月蚀既。”《资治通鉴》（卷二百二十一）（中华书局点校本 第7068页）作：“二月，壬子，月食既。”则此处当从《纲目》。

9. 卷四十七　庚辰　唐德宗贞元十六年（公元800年）

[提要] 柳州刺史阳履免。

[纲目] 永州刺史阳履免。

按，《资治通鉴》（中华书局点校本 第7589页），作：“永州刺史阳履免。”

（二）补充完善

除了对具体人名、官名的修改外，还有对原来表述的补充、完善。

卷三　庚戌　汉惠帝四年（公元前191年）

[提要] 省法令妨民者。

[纲目] 省法令妨吏民者。

按，乾道壬辰本、嘉定温陵本、《朱子全书》本同《提要》。考《汉书》（卷二）（中华书局点校本 第90页）作：“省法令妨吏民者。”《资治通鉴》（卷十二）（中华书局点校本 第415页）作：“省法令妨吏民者。”《大事记》（卷九）、《通志》（卷五上）等均同《纲目》。

《纲目续麟》认为：“《书》称‘民为邦本’，置吏所以为民也，后之为吏者瘠民肥己，于是又便于吏而不便于民者，以当以民为主，苟利于民，何惜于吏？民公而吏私也。必欲与民并省，天下宁有此两利之道哉？”笔者不同意这个观点，认为《纲目》扩大了对象，更为全面。因为在最高统治者看来，“吏”与“民”并非对立的，他们都是他的臣民，都是他的施政对象。再者文字与《汉书》《通鉴》同，更为确切。从文本上考察，《纲目》常为“吏民”连用，如，王莽始建国三年（11年）“匈奴诸部分道入塞，杀守尉，略吏民”，王莽天凤六年（19年）分注“莽乃大募天下男丁及死罪囚、吏民奴”，汉帝玄更始二年（24年）分注“吏民得檄，传向告语”“得吏民与郎交关谤毁者数千章”，光武帝建武元年（25年）分注“吏民笑之”。疑“吏民”为“黎民”之意，其字义重在“民”。

这类是朱熹没有改出来的问题，原因较多，或是朱熹所据本子有误，或是笔误所致，或是刊刻时出错。而后人依据所见《通鉴》、正史及其他史料作一补正。于《纲目》一书可谓有功。而这种补正是较为简单而机械的，只要按《提要》引书，与当时现存资料作一比对，失实之处便明显可见，改正也就相对容易。可称之为细节的修正和完善。

二、后人修订可商榷处

此类修订可参考如下。

1. 卷三十八　癸未　唐高祖武德六年（公元623年）

［提要］二月，唐平阳公主卒。

［纲目］二月，唐平阳公主薨。

按，乾道壬辰本、嘉定温陵本、《朱子全书》本同《提要》。

《纲目》唯太妃书薨。贵妃、公主并书卒。此处特笔。分注云“公主亲执金鼓，兴义兵以辅成大业”，故非他公主比矣，故书薨。《纲目续麟》认为：“公主不卒，卒平阳为其非他公主比也，然则书卒已为特笔，安在书薨然后见乎？如《书法》所云是特笔之中又特笔焉，彼齐桓晋文且当书崩，春秋何以与郑、卫诸君并称卒邪？”

《纲目》后世刊本书“薨”太滥，笔者不同意这种所谓的特笔法。出现这一问题的大多在唐代部分，另如：38–1隋恭帝皇泰二年“唐鄘公薨”、41–2唐高宗上元二年“太子弘薨”、43–1唐玄宗开元二年“襄王重茂薨”、50–4唐宣宗大中十一年“成德节度使王绍鼎薨”、51–2唐懿宗咸通十三年“幽州节度使张允伸薨”、51–3唐僖宗乾符元年“刘瞻……薨”。以上诸处《新唐书》或作“薨”、《资治通鉴》均作“薨”，后人当是袭《通鉴》之误而朱子笔削之旨尽失，良可叹也。

2. 卷三十九　丙戌　唐高祖武德九年（公元626年）

［**提要**］突厥入寇，至便桥。帝出责之，突厥请盟而退。

［**纲目**］突厥入寇，至便桥。帝出御之，突厥请盟而退。

按，乾道壬辰本、嘉定温陵本、《朱子全书》本同《提要》。《旧唐书·突厥传》（卷一百四十四上）有：“太宗……幸渭水之上，与颉利隔津而语，责以负约……是日，颉利请和，诏许焉，车驾即日还宫。乙酉，又幸城西，刑白马，与颉利同盟于便桥之上，颉利引兵而退。”

关于这段史实，牛致功在《关于唐与突厥在渭水便桥议和罢兵的问题》（载《中国史研究》2001年第3期）中认为突厥进犯目的，不是进据中原，而只是“索要物质财富”，颉利先已派执失思力来谈判，唐太宗正是在明确突厥意图后，才敢于率六骑与颉利在渭水便桥对峙交言，从这个意义讲，没有必要用“御”字。则此处当从《提要》作“责”字。

3. 卷四十一　乙亥　唐高宗上元二年（公元675年）

［**提要**］太子弘卒，谥孝敬皇帝，立雍王贤为太子。

［**纲目**］太子弘薨，谥孝敬皇帝，立雍王贤为太子。

按，乾道壬辰本、嘉定温陵本、《朱子全书》本同《提要》。《新唐书》（卷三）（中华书局点校本 第71页）作：“天后杀皇太子。”《资治通鉴》（卷二百二）（中华书局点校本 第6377页）作：“太子薨于合璧宫。”

《凡例·崩葬例》言，未踰年不成君曰卒。《纲目》卒太子多矣，未有书薨者，此独书薨何？谥为帝也。纲目自分王外书薨之例七。非不成君废帝废后则谥为帝为后者也。不然则帝母也、有大功公主也（如上文平阳公主）。《纲目续麟》（卷十四）认为，当从《提要》作“卒”，《书法》附会《纲目》，不可从。薨而后谥也。例当称卒。以谥帝而书薨则是予其谥也，又何以为讥耶，语意亦自矛盾。

4. 卷四十三　甲寅　唐玄宗开元二年（公元714年）

[**提要**] 襄王重茂卒于房州，谥曰殇皇帝。

[**纲目**] 襄王重茂薨于房州，谥曰殇皇帝。

按，乾道壬辰本、嘉定温陵本、《朱子全书》本同《提要》。《旧唐书》（卷八）作：“房州刺史、襄王重茂薨于梁州，谥曰殇帝。”《新唐书》（卷五）（中华书局点校本 第123页）作：“襄王重茂薨，追册为皇帝。”《资治通鉴》（卷二百一十一）（中华书局点校本 第6703页）作：“房州刺史、襄王重茂薨，辍朝三日，追谥曰殇皇帝。”

《凡例》认为“王侯死皆曰卒”“正统之君废为王公而死者书卒，而注其谥”。此处书薨，当为特例。以谥为帝者也。当从纲目。《纲目续麟》认为，当从《提要》书“卒”,《书法》附会《纲目》，非是。大书其谥，讥也,《考证》不必从。

此类例子从《凡例》、变例思想出发，将其贯彻得更为彻底，而其终究非朱熹原义。这些改法更加突出了为“义理”中心而使用变例，其作用如尹起莘《纲目发明序》（武英殿本《资治通鉴纲目》卷首）所言“善可为法恶可为戒者，皆特笔书之”，这些特例是沿着这一思路而作。笔者认为这种不惜以义例为牺牲而说明突现义理的做法不可取。因为这不仅与《凡例》不符且易得义例不纯之讥，而且可以看到后人是从朱熹的义理史观出发，而在具体的操作上更加彻底。

笔者曾将上海图书馆藏残宋本①所存卷19、卷56与《朱子全书》本《资治通鉴纲目提要》（底本为初刻本之递修本）比对，发现初刻本与《提要》相同，而残宋本与《纲目》相同。可以看出，初刻本和《提要》的存在使人们有了研究朱熹原始表达的可能，从而探究其本心。而故三者的递变过程，也正是其思想体系在朱熹本人、后学努力下由疏朗到精密的过程 。

三、修改不当或脱漏

修改者从一己之见出发，未免有智识、思虑欠当处，而后世传刻脱漏亦不能免，这样后世版本面貌与初刻本亦有较大差异，试分而言之。

（一）修改不当

对于一字褒贬的矫枉过正是这类错误的根源，滥用一字褒贬而失朱子笔削之意。此类主要是对动词的修改。

1. 卷二十三　辛丑　晋安皇帝隆安五年（公元401年）

[**提要**] 三月。孙恩寇海盐，刘牢之参军刘裕击破之。

[**纲目**] 三月。孙恩攻海盐，刘牢之参军刘裕击破之。

按，乾道壬辰本、嘉定温陵本、《朱子全书》本同《提要》。《资治通鉴》（卷一百一十二）（中华书局点校本 第3520页）作："三月，孙恩北趣海盐，刘裕随而拒之，筑城于海盐故治。恩日来攻城，裕屡击破之。"

据《纲目》上文书会稽、临海、句章，下文丹徒，皆书寇。

2. 卷三十　壬寅　梁武帝普通三年（公元522年）

[**提要**] 夏，四月。高车王弟越居，弑其王伊匐而自立。

[**纲目**] 夏，四月。高车王弟越居，杀其王伊匐而自立。

---

① 该本为后世《纲目》通行本的祖本，参见严文儒《〈资治通鉴纲目〉版本源流考》一文。

按，乾道壬辰本、嘉定温陵本、《朱子全书》本同《提要》。《资治通鉴·卷一百四十九》（中华书局点校本 第4690页）作“其弟越居杀伊匐自立”。《纲目》值中原无统之时，蛮夷僭上用杀。《纲目》高昌、吐谷浑、突厥，皆书弑。以其时中原有正统耶？

3. 卷四十七　戊寅　唐德宗贞元十四年（公元798年）

[提要] 吴少诚反，侵寿州。

[纲目] 吴少诚叛，侵寿州。

按，乾道壬辰本、嘉定温陵本、《朱子全书》本同《提要》。《新唐书》（卷七）、《新唐书》（卷一百六）、《新唐书》（卷一百七十）作“吴少诚反”；《新唐书》（卷一百七十一）、《新唐书》（一百七十二）作“吴少诚叛”。

《凡例》作：“自下逆上曰反，舍此之彼曰叛。”则此当从《提要》作“反”。

4. 卷四十八　乙酉　唐顺宗永贞元年（公元805年）

[提要] 贬韦执谊为崖州司马。

[纲目] 贬韦执谊为崖州司户。

按，乾道壬辰本、嘉定温陵本、《朱子全书》本同《提要》。《旧唐书》（卷十四）作：“贬正议大夫、中书侍郎、平章事韦执谊为崖州司马。”《新唐书》（卷七）作：“贬韦执谊为崖州司马。”《资治通鉴》（中华书局点校本 第7622页），作：“壬申 贬中书侍郎、同平章事韦执谊为崖州司马。”

司户：州县佐吏。隋唐诸州置司户参军，掌户口、籍账、婚嫁、田宅、杂徭、道路之事，省称司户。唐京畿及四等诸县因置为司户，下有佐史若干人，职如州制。

司马：甲骨文有从事战争与田猎的马亚、多马亚、马小臣等武官，可能是司马一职的滥觞。《周礼夏官》司马为六卿之一，掌军政及军赋。唐州府佐属有司马一人，位在别驾、长史之下。

《纲目续麟》认为：本传为司户参军，当从《纲目》。

5. 卷四十八　乙酉　唐顺宗永贞元年（公元805年）

[提要] 回鹘怀信可汗死，遣使立其子为腾里可汗。

[纲目] 回鹘怀信可汗卒，遣使立其子为腾里可汗。

按，乾道壬辰本、嘉定温陵本、《朱子全书》本同《提要》。《唐会要》（卷九十八）作“怀信可汗卒”；《资治通鉴》（卷二百三十六）作“回鹘怀信可汗卒”；《通鉴纪事本末》（卷三十六上）作“回鹘怀信可汗卒”。

据《凡例・崩葬例》“凡蛮夷君长曰死”，则此处当从《提要》。

《提要》蛮夷君长“死”作“卒”。《纲目》此处改作“卒”，非是。翻检《纲目》，发现记录唐代蛮夷君长“死”的文字，很多被误写为“卒”。唐代也有一些记载，《提要》原本写作“卒”的，《纲目》写成了“死”。如：

39-5（《附录》卷三十九，第五条）唐太宗贞观八年“西突厥咄陆可汗死”；

39-7唐太宗贞观十三年“西突厥咥利可汗死”；

42-1唐中宗嗣圣二十年“吐蕃赞普器弩悉弄死”；

44-1唐玄宗天宝七载“云南王归义死”；

44-2唐玄宗天宝十四载“吐蕃赞普乞梨苏死”；

48-4唐宪宗元和三年“南诏异牟寻死”；

48-6唐宪宗元和四年“云南王寻合劝死”；

49-3唐穆宗长庆元年“回鹘保义可汗死”；

49-4唐穆宗长庆四年“回鹘崇德可汗死”；

50-1唐文宗开成三年“吐蕃彝泰赞普死”；

50-2唐武宗会昌二年“吐蕃达磨赞普死”（连本条例证共12条）。

（二）脱漏

将《提要》、初期刻本正确的表达由于刊刻原因而致误。如：

1. 卷五十八　丁未　汉高祖天福十二年（公元947年）

［提要］晋以刘信、史弘肇为侍卫都指挥使，杨邠为枢密使，郭威为副使，王章为三司使。

［纲目］晋以刘信、史弘肇为侍卫指挥使，杨邠为枢密使，郭威为副使，王章为三司使。

按，乾道壬辰本、嘉定温陵本、《朱子全书》本同《提要》。《新五代史》（中华书局点校本 第330页）作"都指挥使"。《资治通鉴·卷二百八十七》（中华书局点校本 第9379页）作："以忠武节度使史弘肇领归德节度使，兼侍卫马步都指挥使。"

都指挥使：五代时即有用都指挥使称呼统兵将领。宋代相沿，殿前司、侍卫亲军等均设都指挥使（据《中国历代官制大词典》第925页）。

指挥使：唐宋武官名，唐中叶以后，地方藩镇的军校有都指挥使、指挥使各统军队，五代后梁时朱全忠以节度使为帝，遂升格为禁卫军军官。宋沿置，凡殿前司、侍卫司均设都指挥使，以掌兵马。都指挥使下则设指挥使为其属（据《中国历代官制大词典》第801页）。

2. 卷九　戊戌　汉光武帝建武十四年（公元38年）

［提要］太中大夫梁统请更定律令，不报。

［纲目］太中大夫梁统请更定律，不报。

按，乾道壬辰本、嘉定温陵本、《朱子全书》本同《提要》。《后汉书·梁统列传》（卷三十四）（中华书局点校本 第1166—1169页）"统在朝廷，数陈便宜。以为法令既轻，下奸不胜，宜重刑罚，以遵旧典，乃上疏曰：……议上，遂寝不报。"《资治通鉴》（卷四十三）（中华书局点校本 第1383页）作："太中大夫梁统上疏曰：……高帝受命，约令定律，诚得其宜，文帝唯除省肉刑、相坐之法，自余皆率由旧章。至哀、平继体，即位日浅，听断尚寡。丞相王嘉轻为穿凿，亏除先帝旧约成律，……愿陛下宜诏有司，详择其善，定不易之典！"

由"约令定律"知"律令"不当简为"律"。如《纲目》一书类似例子有：汉武帝元光五年“诏太中大夫张汤、中大夫赵禹定律令”、汉成帝河平元年“减死刑、省律令”、晋武帝奉始四年“春正月，晋律令成”、宋顺帝升明元年“九月，魏更定律令”、宋顺帝升明三年“魏使高允议定律令”、南北朝齐魏辛未年“五月，魏主更定律令”。“定”字连上为动词词组“更定”，不是形容词连下为“定律”。由上述例子推断,《纲目》刊本此处“令”字漏。

这类改动或是修改不当，如据现存的史料修改而改动有误，传刻时出现漏刻、错刻，从而与原本面貌有差异；或是过分强调“以一字寓褒贬”,《纲目》流传至后世有崇高的地位和重要的影响，后学在刊刻中务求用字准确，殊不知所改文字非特与《凡例》不符，而又不能称其为变例。一词或数词的改动有的显然未经仔细的推敲和考证。

理清了《提要》到《纲目》通行本的流变，我们对《纲目》一书现有的纰漏就可以做出恰如其分的评价了，即站在历史唯物主义立场看哪些是朱熹的原意与不足，以及产生这些不足的客观历史原因，哪些是后人对朱熹原意的误解、歪曲、附会而产生的错误。这样，我们可以多个角度来看后人对《提要》和《纲目》得失的看法。

元人汪克宽《资治通鉴纲目考异》写道：“窃考《纲目》刊本及《提要》，互有得失，如此类者，今并录之，以俟来哲择善而从，且以见当时刊刻阅之未详也。”[①]而导致这种情况的原因，他认为是“学者抄录、书肆传刊、久而漏误者多”[②]。

明代人也看到了这个问题，明宪宗《通鉴纲目序》[③]有云：“顾传刻岁久，间有缺讹，甚至书法与所著《凡例》《提要》或有不同，是以后人疑焉。有《纲目考异》《考证》之作，两存其说，终莫能定。”又云,“盖《凡例》《提要》乃朱子亲笔以授门人，使据之以成书。及书既成，再加笔削则随事立文，时有小异而大体终不出乎劝惩之外，岂可一一致疑其间。”

---

① 见《资治通鉴纲目》康熙四十七年武英殿本 卷二十六 宋文帝元嘉三十年。

② 见《资治通鉴纲目考异凡例》康熙四十七年武英殿本卷首。

③ 见《资治通鉴纲目》康熙四十七年武英殿本卷首。

结 语

《纲目》自问世而流传日广，而《提要》在明以后则湮灭不闻。然由《提要》而推求朱子之初志，则其演进之迹自明；或因刊本异处而《提要》可为佐证之资。《提要》至今未见有人做较为系统的研究，因此有必要对《提要》进行一次全面发掘，并且从《提要》、初刻本、通行本关系上确立朱熹义理史学的源头。

本书以四章的篇幅进行了一次整体发掘。第一章考察《纲目提要》的成书过程，第二章考察《提要》版本流传经过并交代本书的研究方法。第三章从《提要》到初刻本，运用版本对比进行研究。第四章沿此视角进一步深入研究，考察初刻本到通行本的流变，阐述其间发生的变化以及发生这些变化的原因。全书旨在理清《纲目》和《提要》的发展脉络和朱熹义理史学的体系建立与完善过程，为该类研究打下基础。

附录

《资治通鉴纲目提要》辑录

说明：本次辑录所用底本为康熙四十七年武英殿本《御批资治通鉴纲目》。辑录了分注中汪克宽《资治通鉴纲目考异》保留的《资治通鉴纲目提要》（以下简称《提要》）和正文《御批资治通鉴纲目》之《纲》（以下简称《纲目》），以资比对。《提要》辑自它书（如《考证》《质实》）者，则注明出处。校勘所用国家图书馆藏乾道壬辰本、嘉定十二年温陵郡斋刻本，以及安徽教育出版社、上海古籍出版社2002年版《朱子全书》本《资治通鉴纲目》（以下简称为《朱子全书》本）以该本所据底本作为初期刻本系统的文本依据。

卷一

1. 戊寅　周威烈王二十三年（公元前403年）

［**提要**］初命晋大夫韩虔、魏斯、赵籍为诸侯。

［**乾道壬辰本**］初命晋大夫魏斯、赵籍、韩虔为诸侯。

［**纲目**］初命晋大夫魏斯、赵籍、韩虔为诸侯。

按，三家命为诸侯之时间先后，汉司马迁《史记·周本纪》（卷四）（中华书局点校本 第158页）作“命韩、魏、赵为诸侯”；《史记·魏世家》（卷四十四）（中华书局点校本 第1839页）作“魏、赵、韩列为诸侯”；《史记·韩世家》（中华书局点校本 第1867页）作“与赵、魏俱得列为诸侯”。考《史记》年表，则先魏次韩次赵。宋司马光《资治通鉴》（卷一）（中华书局点校本 第2页）作“初命晋大夫魏斯、赵籍、韩虔为诸侯”。

疑《纲目》这一修改最有可能是因为取材主要通过《通鉴》，写《提要》时仅凭个人印象，修改成《纲目》时或是严格核对了《通鉴》原文而恢复其顺序，或是以三家力量强弱为顺序，或是随意排列。

2. 辛巳　周安王骄二年（公元前400年）

［**提要**］二年。魏、韩、赵伐楚。赵侯籍卒。

［**乾道壬辰本**］二年。魏、韩、赵伐楚。

［**纲目**］二年。魏、韩、赵伐楚。

按，这段史实《资治通鉴》（卷一）（中华书局点校本 第23页）作：“魏、韩、赵伐楚，至桑丘。”

考《纲目》周安王十三年有“秦侵楚O齐田和会魏侯、楚人、卫人于浊泽O魏侯斯卒”。又如，周烈王五年《纲目》有“魏伐楚O韩严遂弑其君。魏侯击卒”。是年韩景侯卒，《纲目》不书。即《纲目》只书魏侯卒，结合第一条三家首魏，当是朱熹认为纲纪始坏三家之中魏当执其咎。而且“赵侯籍卒”

与“伐楚”无关,《纲目》删去枝节以突出中心。

3. 乙未 周安王骄十六年(公元前386年)

[提要]十六年。秦出公、魏武侯击、赵敬侯章、韩文侯元年。

O田齐太公和元年。

O并晋、齐、楚、燕。统旧国八,田齐新国一,凡九大国。初命齐田和为诸侯。

[乾道壬辰本]十六年。秦出公、魏武侯击、赵敬侯章、韩文侯元年。

O田齐太公和元年。

O统秦、晋、齐、楚、燕、赵、魏、韩旧国八,田齐新国一,凡九大国。初命齐田和为诸侯。

[纲目]十六年。秦出公、魏武侯击、赵敬侯章、韩文侯元年。

O田齐太公和元年。

O统秦、晋、齐、楚、燕、赵、魏、韩旧国八,田齐新国一,凡九大国。初命齐田和为诸侯。

按,《朱子全书》本作:“十六年。秦出公、魏武侯击、赵敬侯章、韩文侯元年。齐太公和元年。统秦、晋、齐、楚、燕、魏、赵、韩旧国八,田齐新国一,凡九大国。初命齐田和为诸侯。”《资治通鉴》(卷一)(中华书局点校本 第31页)作:“初命齐大夫田和为诸侯。”

《纲目》把八国列出,较《提要》详细,然而明末张自勋《纲目续麟》(卷一)从体例上考查后认为:“岁首分注前散后总,已见者不重列,此正例也。是年岁结当从《提要》作‘并晋、齐、楚、燕。统旧国八’,原本复数秦、赵、魏、韩与例不合,宜改正。”笔者同意张氏看法。

4. 辛巳 周显王扁二十九年(公元前340年)

[提要]二十九年。秦卫鞅伐魏,诱执其将公子卬而败之。魏献河西地,徙都大梁。秦封鞅为商君。

[乾道壬辰本]二十九年。秦卫鞅伐魏,诱执其将公子卬而败之。魏献河

西地于秦，徙都大梁。秦封鞅为商君。

[**纲目**] 二十九年。秦卫鞅伐魏，诱执其将公子卬而败之。魏献河西地于秦，徙都大梁。秦封鞅为商君。

按，《史记·秦本纪》（卷五）（中华书局点校本 第204—206页）作“卫鞅击魏，虏魏公子卬。封鞅为列侯，号商君。……魏纳河西地”，《史记·魏世家》（卷四十四）（中华书局点校本 第1848页）作“予秦河西之地”，《资治通鉴》（卷二）（中华书局点校本 第61页）作“魏惠王恐，使献河西之地于秦以和”。

加入“于秦”二字，使受众明确（下第29条同）。明末张自勋《纲目续麟》卷一认为：“‘于秦’二字不可省，河西地在周旁，不书于秦则疑‘于周’矣。故不可省。”

5. 己丑　周显王三十七年（公元前332年）

[**提要**] 秦及齐、魏伐赵，从约解。

[**乾道壬辰本**] 秦以齐、魏之师伐赵。苏秦去赵适燕，从约皆解。

[**纲目**] 秦以齐、魏之师伐赵。苏秦去赵适燕，从约皆解。

按，此条相关史实，《纲目》分注有“秦使公孙衍欺齐魏以伐赵”。又《资治通鉴》（卷二）（中华书局点校本 第73页）作：“秦惠王使犀首欺齐、魏，与共伐赵，以败从约。赵肃侯让苏秦，苏秦恐，请使燕，必报齐。苏秦去赵而从约皆解。赵人决河水以灌齐、魏之师，齐、魏之师乃去。”

考字义，张自勋《纲目续麟》引《春秋传》认为：“‘及’者内为志，又曰：我所欲曰‘及’。”笔者同意张氏观点：伐赵之举虽齐、魏所为，却是为秦所欺，非其本心，《纲目》书“以”，说明齐魏在秦术中而不知；若曰“秦及齐、魏伐赵”，则是齐魏顺适其意而从之。据以上史实知其非实。故“及”“以”虽一字之讹，而意义区别殊甚（下第19条同）。

6. 甲午　周显王四十二年（公元前327年）

[**提要**] 秦归魏焦、曲沃。

[**乾道壬辰本**] 秦归焦、曲沃于魏。

[纲目] 秦归焦、曲沃于魏。

按,《史记·秦本纪》(卷五)(中华书局点校本 第206页)作“十一年,县义渠。归魏焦、曲沃”,《史记·魏世家》(卷四十四)(中华书局点校本 第1848页)作“秦归我焦、曲沃”,《资治通鉴》(卷二)(中华书局点校本 第74页)作“秦归焦、曲沃于魏”。

《提要》所用语法较古,又如此条前有“秦县义渠”,《提要》语法前后较为一致。《纲目》语法更为通俗,且文字与《通鉴》相同。

7. 庚子　周显王四十八年(公元前321年)

[提要] 齐封薛公田文为孟尝君。

[乾道壬辰本] 齐号薛公田文为孟尝君。

[纲目] 齐号薛公田文为孟尝君。

引自严文儒先生的按语:田文嗣为薛公,号孟尝君,“号”不当作“封”,纲纠正了《提要》之误。考纲目分注,有“初齐王封田婴于薛号曰靖郭君。……婴卒,文嗣立,号孟尝君”。又《资治通鉴》(卷二)(中华书局点校本 第77页)作:“齐王封田婴于薛,号曰靖郭君。……靖郭君卒,文嗣为薛公,号孟尝君。”《纲目》于首次得爵书“封”,如平原、信陵、春申之例,而继世用“号”。

8. 壬寅　周慎靓王二年(公元前319年)

[提要] 魏君罃卒。

[乾道壬辰本] 魏君罃卒。孟轲去魏适齐。

[纲目] 魏君罃卒。孟轲去魏适齐。

引自严文儒先生的按语:“魏君罃卒,子襄王立。孟子以为不似人君,故而去魏适齐,事见《孟子·梁惠王上》。纲之文比《提要》多六字,却更能体现朱熹尊崇孔孟之思想。”

另《凡例·人事例》:“凡一人之往来去就,关于国家利害,系时世轻重者,不以贤否皆书。”下有注文“孟轲”之类。且上文周显王三十三年《纲目》书

“孟轲至魏”，周赧王元年《纲目》书“孟轲去齐”，则去魏亦当书。

9. 癸卯　周慎靓王三年（公元前318年）

[**提要**] 楚、赵、魏、韩、燕伐秦，攻函谷关。秦出兵逆之，皆败走。

[**乾道壬辰本**] 楚、赵、魏、韩、燕伐秦，攻函谷关。秦出兵逆之，五国皆败走。

[**纲目**] 楚、赵、魏、韩、燕伐秦，攻函谷关。秦出兵逆之，五国皆败走。

引自严文儒先生的按语：两者比较，《纲》比《提要》交代得更为详细。

关于这段史实，《资治通鉴》（卷三）（中华书局点校本 第83页）作：“楚、赵、魏、韩、燕同伐秦，攻函谷关。秦人出兵逆之，五国之师皆败走。”

10. 戊申　周赧王延二年（公元前313年）

[**提要**] 楚屈匄帅师伐秦。

[**乾道壬辰本**] 楚屈匄伐秦。

[**纲目**] 楚屈匄伐秦。

按，《资治通鉴》（卷三）（中华书局点校本 第92页）作：“楚王不听，使屈匄帅师伐秦。”又宋胡宏《皇王大纪·三王纪·赧王》（卷七十六）作：“楚王不听，……使屈匄帅师伐秦。”

若以伐秦为楚王意，则屈匄前当加“使”字，若以屈匄自为之举，则可直书“楚屈匄伐秦”。

11. 庚戌　周赧王四年（公元前311年）

[**提要**] 秦使张仪说楚、韩、齐、赵、燕连横以事秦。秦封仪为武信君。秦君卒，诸侯复合从。

[**乾道壬辰本**] 秦使张仪说楚、韩、齐、赵、燕连横以事秦。秦君卒，诸侯复合从。

[**纲目**] 秦使张仪说楚、韩、齐、赵、燕连横以事秦。秦君卒，诸侯复合从。

按，据《史记·张仪列传》（卷七十）（中华书局点校本 第2294页）作“张仪归报，秦惠王封仪五邑，号曰武信君”；《资治通鉴》（卷三）（中华书局点校本 第94—98 页）张仪先说楚、韩，而后“张仪归报，秦王封仪六邑，号武信君……诸侯闻仪与秦王有隙，皆畔衡，复合从”，后又说齐、赵、燕。张仪被封一事与合纵、连横为枝蔓，《纲目》刊本将其删减以突出中心，即说明连衡与合纵反复之速。且仪归报未至而惠王薨，诸侯复合纵，说明诸侯并未事秦，而张仪之封武信君也就难成事实了。

12. 辛亥　周赧王五年（公元前310年）

［**提要**］秦张仪出复相魏。

［**乾道壬辰本**］秦张仪复出相魏。

［**纲目**］秦张仪复出相魏。

按，考《史记·秦本纪》（卷五）（中华书局点校本 第207页）作“（惠文君后三年）张仪相魏”；《史记·张仪列传》（卷七十）（中华书局点校本 第2300页）作“（惠文君后三年）相魏以为秦……（武王二年）张仪相魏一岁，卒于魏也”；《尚史》（卷二十二）作“（秦惠文王）十年，张仪相魏……（后）三年，张仪相魏”。

由字义知“出复”义在出，“复出”义在复，从上述及《纲目》周显王四十六年（公元前323年）有“秦相张仪免，出相魏”，知相魏不止一次。又据分注“武王为太子时不说仪”则仪之“出”意义更恰当，宜从《提要》作“出复”。

13. 癸丑　周赧王七年（公元前308年）

［**提要**］秦使甘茂伐韩宜阳。

［**乾道壬辰本**］秦甘茂伐韩宜阳。

［**纲目**］秦甘茂伐韩宜阳。

按，关于这段史实《史记·秦本纪》（卷五）（中华书局点校本 第209页）作“使甘茂、庶长封伐宜阳”；《资治通鉴》（卷三）（中华书局点校本 第102—

103页）作“秦王使甘茂约魏以伐韩。……秋，甘茂、庶长封帅师伐宜阳”；另外可见《战国策·秦武王谓甘茂曰章》。

张自勋《纲目续麟》（卷一）认为：“据分注谓王使甘茂约魏伐韩，宜从《提要》书‘使’，然茂虽受命于秦，比至魏而还，固请勿伐，复为投杼示书之论以要挟其君，则宜阳之伐与否，惟茂自制耳，王安得而使之，削不书‘使’，讥茂之专也。”

14. 乙卯　周赧王九年（公元前306年）

[提要] 赵君略中山及胡地。林胡献马、楚齐韩复合纵。

[乾道壬辰本] 赵君略中山及胡地。遣使约秦、韩、楚、魏、齐，并至胡兵。楚、齐、韩合从。

[纲目] 赵君略中山及胡地。遣使约秦、韩、楚、魏、齐，并至胡兵。楚、齐、韩合从。

按，《史记·赵世家》（卷四十三）（中华书局点校本 第1811页）作：“王略中山地，至宁葭；西略胡地，至榆中。林胡王献马。归使楼缓之秦，仇液之韩，王贲之楚，富丁之魏，赵爵之齐。代相赵固主胡，致其兵。”《资治通鉴》（卷三）（中华书局点校本 第106页）作：“赵王略中山地，至宁葭；西略胡地，至榆中。林胡王献马。归使楼缓之秦，仇液之韩，王贲之楚，富丁之魏，赵爵之齐。代相赵固主胡，致其兵。楚王与齐、韩合纵。”

《纲目》比《提要》史实更为详尽。

15. 庚申　周赧王十四年（公元前301年）

[提要]（无）

[乾道壬辰本] 蜀守叛秦，秦诛之。

[纲目] 蜀守叛秦，秦诛之。

按，《史记·秦本纪》（卷五）（中华书局点校本 第210页）作：“（昭襄王六年）蜀侯煇反，司马错定蜀。”《资治通鉴》（卷三）（中华书局点校本 第109页）作：“蜀守晖叛秦，秦司马错往诛之。”

考《纲目》周慎靓王五年“秦伐蜀，取之”。张自勋《纲目续麟》（卷一）认为：“秦之取蜀非义服也，书叛书诛，《纲目》何予秦而罪蜀之深邪?《提要》不书良是，《纲目》赘。”

16. 辛酉　周赧王十五年（公元前300年）

[**提要**] 秦大破楚师，杀其将景缺，取襄城。楚使太子横质于齐，以请平。

[**乾道壬辰本**] 秦芈戎大败楚师，杀其将景缺，取襄城。楚使太子横质于齐，以请平。

[**纲目**] 秦芈戎大败楚师，杀其将景缺，取襄城。楚使太子横质于齐，以请平。

按，《资治通鉴》（卷三）（中华书局点校本 第110页）作：“秦泾阳君为质于齐。秦华阳君伐楚，大破楚师，斩首三万，杀其将景缺，取楚襄城。楚王恐，使太子为质于齐以请平。”

《纲目》的文字更加详尽生动细节化。

17. 壬戌　周赧王十六年（公元前299年）

[**提要**] 秦诱楚君槐于武关，劫之以归。楚请太子横于齐而立之。

[**乾道壬辰本**] 秦伐楚，取八城。遂诱楚君槐于武关，执之以归。楚人立太子横。

[**纲目**] 秦伐楚，取八城。遂诱楚君槐于武关，执之以归。楚人立太子横。

按，《资治通鉴》（卷三）（中华书局点校本 第111—112页）作：“秦伐楚，取八城。……楚王至则闭关劫之。”

考“横”于周赧王十五年质于齐（见上条），《提要》书请于齐，然后横之本末明而齐君不留太子之美亦著。

18. 甲子　周赧王十八年（公元前297年）

[**提要**] 楚君槐亡走。秦追及之以归。

[**乾道壬辰本**] 楚君槐自秦走赵，不纳。秦追及之以归。

[**纲目**] 楚君槐自秦走赵，不纳。秦追及之以归。

按,《资治通鉴》(卷四)(中华书局点校本 第116页)作:“楚怀王亡归。秦人觉之，遮楚道。怀王从间道走赵。赵主父在代，赵人不敢受。怀王将走魏，秦人追及之，以归。”

《纲目》的文字更能说明逃亡的过程、细节较完整。

19. 丙寅 周赧王二十年(公元前295年)

[**提要**] 赵主父及燕、齐灭中山，归，大赦，酺五日。

[**乾道壬辰本**] 赵主父以燕、齐之师灭中山，归，大赦，酺五日。

[**纲目**] 赵主父以燕、齐之师灭中山，归，大赦，酺五日。

按,《史记·赵世家》(卷四十三)(中华书局点校本 第1813页)作:“(惠文王)三年，灭中山，……还归，行赏，大赦，置酒酺五日。”《史记·田敬仲完世家》(卷四十六)(中华书局点校本 第1898页)作:“(齐湣王二十九年)齐佐赵灭中山。”《资治通鉴》(卷四)(中华书局点校本 第117页)作:“赵主父与燕、齐共灭中山，迁其王于肤施。归，行赏，大赦，置酒，酺五日。”

《纲目》修正了史实(上第5条同)，并交代相关后果，符合凡例《祭祀·宴飨》条“凡置酒宴飨因事乃书”。考《纲目》一书，书酺共六处，其他五处是秦初己卯年、汉景帝后元年、唐高宗上元元年、唐玄宗开元元年、唐玄宗开元二十三年。书“五日”共有两处，另一处为“汉景帝后元年酺五日”。

20. 丙寅 周赧王二十年(公元前295年)

[**提要**] 赵故太子章作乱，公子成、李兑诛之，遂弑主父于沙丘。

[**乾道壬辰本**] 赵故太子章作乱，公子成、李兑诛之，遂弑主父于沙丘。

[**纲目**] 赵故太子章作乱，公子成、李兑诛之，遂弑主父。

按,《朱子全书》本同《提要》。《凡例》作:“秦以后，以兵弑者天子则曰某人弑帝于某如赵高之类书地以著其实。”此条在秦之前，故不在凡例规定之内，但加入“于沙丘”确实能起到《凡例》所说“书地著其实”的作用，笔者认为当从《提要》。

21. 戊辰　周赧王二十二年（公元前293年）

[**提要**] 魏、韩伐秦。秦左更白起将兵败之，拔五城。

[**乾道壬辰本**] 魏、韩伐秦。秦左更白起败之，拔五城。

[**纲目**] 魏、韩伐秦。秦左更白起败之，拔五城。

按，《史记·秦本纪》（卷五）（中华书局点校本 第212页）作：“（昭襄王十四年）左更白起攻韩、魏于伊阙，斩首二十四万，虏公孙喜，拔五城。”《史记·白起王翦列传》（卷七十三）（中华书局点校本 第2331页）作：“白起为左更，攻韩、魏于伊阙，斩首二十四万，又虏其将公孙喜，拔五城。”《资治通鉴》（卷四）（中华书局点校本 第120页）作：“韩公孙喜、魏人伐秦。穰侯荐左更白起于秦王以代向寿将兵，败魏师、韩师于伊阙，斩首二十四万级，虏公孙喜，拔五城。”

《纲目》去掉冗词，行文更为简洁（上第10条同）。

22. 庚午　周赧王二十四年（公元前291年）

[**提要**] 秦封魏冉为穰侯，芈戎为华阳君，弟市为高陵君，悝为泾阳君。

[**乾道壬辰本**] 秦君封魏冉为穰侯，公子市为宛侯，公子悝为邓侯。

[**纲目**] 秦君封魏冉为穰侯，公子市为宛侯，公子悝为邓侯。

按，《史记·秦本纪》（卷五）（中华书局点校本 第212页）作：“（昭襄王十六年）封公子市宛，公子悝邓，魏冉陶，为诸侯。”《史记·穰侯列传》（卷七十二）（中华书局点校本 第2323页）作：“宣太后二弟：其异父长弟曰穰侯，姓魏氏，名冉；同父弟曰芈戎，为华阳君。而昭王同母弟曰高陵君、泾阳君。”《资治通鉴》（卷三）（中华书局点校本 第107页）作：“秦宣太后异父弟曰穰侯魏冉，同父弟曰华阳君芈戎；王之同母弟曰高陵君、泾阳君。”《资治通鉴》（卷四）（中华书局点校本 第121页）作：“秦烛寿免。魏冉复为丞相，封于穰与陶，谓之穰侯。又封公子市于宛，公子悝于邓。”

华阳、高陵、泾阳为常称，宛、邓等称呼不常用。《纲目续麟》认为："当从其常称，以明四贵之擅秦者，由秦君宠遇之厚也，庶几春秋垂训只意。"

23. 壬申　周赧王二十六年（公元前289年）

［**提要**］大良造白起伐魏，取六十一城。

［**乾道壬辰本**］秦大良造白起伐魏，取六十一城。

［**纲目**］秦大良造白起伐魏，取六十一城。

按，《史记·白起王翦列传》（卷七十三）（中华书局点校本 第2331页）作："白起为大良造。攻魏，拔之，取城小大六十一。"《资治通鉴》（卷四）（中华书局点校本 第122页）作："秦大良造白起、客卿错伐魏，至轵，取城大小六十一。"

"大良造"为秦官名，白起为大良造在秦昭王二十九年，官名上加"秦"字，征伐施动方更为直接。故"秦"字不可漏。

24. 癸酉　周赧王二十七年（公元前288年）

［**提要**］冬，十月，秦君称西帝，立齐君为东帝。已而皆去之。

［**乾道壬辰本**］冬，十月，秦君称西帝，遣使立齐君为东帝。已而皆去之。

［**纲目**］冬，十月，秦君称西帝，遣使立齐君为东帝。已而皆去之。

按，《史记·秦本纪》（卷五）（中华书局点校本 第212页）作："（昭襄王十九年）王为西帝，齐为东帝，皆复去之。"《资治通鉴》（卷四）（中华书局点校本 第122页）作："冬，十月。秦王称西帝，遣使立齐王为东帝。"

张自勋《纲目续麟》赞同《纲目》对《提要》的修改，认为："据分注称帝者秦也，去帝者齐也，书法宜予齐而罪秦，不书'遣使'则首从无别，非所以罪秦也，'遣使'二字不可少。"笔者同意这一观点。

25. 乙亥　周赧王二十九年（公元前286年）

［**提要**］秦击魏，魏献安邑以和。

［**乾道壬辰本**］秦击魏，魏献安邑以和。秦出其人，募民徙之。

[**纲目**] 秦击魏，魏献安邑以和。秦出其人，募民徙之。

按,《史记·秦本纪》(卷五)(中华书局点校本 第212页)作:“(昭襄王二十一年),错攻魏河内。魏献安邑，秦出其人，募徙河东赐爵，赦罪人迁之。”《资治通鉴》(卷四)(中华书局点校本 第123页)作:“秦司马错击魏河内。魏献安邑以和，秦出其人归之魏。”

《纲目》补充史实，连书有关事件。《提要》不书，则无以见秦“出其人”之恶，因“出其人”所以需“募民徙之”，这八个字说明魏献地后秦对于该地的管理方法。

26. 丙子　周赧王三十年(公元前285年)

[**提要**] 齐杀狐咺、陈举。燕使乐毅如赵。

[**乾道壬辰本**] 齐杀狐咺、陈举。燕使亚卿乐毅如赵。

[**纲目**] 齐杀狐咺、陈举。燕使亚卿乐毅如赵。

按,《资治通鉴》(卷四)(中华书局点校本 第125页)作“使乐毅约赵”。《凡例·聘问例》“非正统曰：某使某如某”注云，“燕乐毅”，则此条当从《提要》去“亚卿”二字。

亚卿：先秦时称职次于正卿之官为亚卿。

27. 丁丑　周赧王三十一年(公元前284年)

[**提要**] 齐君地出走，其相淖齿弑之。

[**乾道壬辰本**] 齐君地出走，其相淖齿杀之。

[**纲目**] 齐君地出走，其相淖齿杀之。

按,《史记·田敬仲完世家》(卷四十六)(中华书局点校本 第1900页)作:“楚使淖齿将兵救齐，因相齐湣王。淖齿遂杀湣王而与燕共分齐之侵地卤器。”《资治通鉴·卷四》(中华书局点校本 第127页)作:“遂弑王于鼓里。”《凡例》作:“君出走而弑之，曰：某君出走，某弑之。”小注“淖齿”之类。则《提要》所写是符合凡例的，而《纲目》则不符。

28. 庚辰　周赧王三十四年（公元前281年）

[提要] 王使东周公喻楚止其兵。

[乾道壬辰本] 楚谋入寇，王使东周公喻止之。

[纲目] 楚谋入寇，王使东周公喻止之。

按,《资治通鉴》(卷四)(中华书局点校本 第133—134页)作:"楚欲与齐、韩共伐秦，因欲图周。王使东周公谓楚令尹昭子曰……于是楚计辍不行。"

此前史书只述楚欲图周之意，至《纲目》始正其"谋入寇"之名，加入三字而突现史家态度。同时,《纲目》行文更为流畅。

29. 辛巳　周赧王三十五年（公元前280年）

[提要] 秦白起伐赵，取代光狼城。司马错因蜀伐楚，拔黔中。楚献汉北、上庸。

[乾道壬辰本] 秦白起伐赵，取代光狼城。司马错因蜀伐楚，拔黔中。楚献汉北、上庸于秦。

[纲目] 秦白起伐赵，取代光狼城。司马错因蜀伐楚，拔黔中。楚献汉北、上庸于秦。

按,《史记·秦本纪》(卷五)(中华书局点校本 第213页)作:"白起攻赵，取代光狼城。又使司马错发陇西，因蜀攻楚黔中，拔之。"《史记·楚世家》(卷四十)(中华书局点校本 第1735页)作:"(顷襄王)十九年，秦伐楚，楚军败，割上庸、汉北地予秦。"《资治通鉴》(卷四)(中华书局点校本 第134—135页)作:"秦白起败赵军，斩首二万，取代光狼城。又使司马错发陇西兵，因蜀攻楚黔中，拔之。楚献汉北上庸地。"

《纲目》加入"于秦"二字，使受众明确(上第4条同此)。

30. 壬午　周赧王三十六年（公元前279年）

[提要] 薛公田文卒。齐、魏灭薛。

[乾道壬辰本] 薛公田文卒。

[纲目] 薛公田文卒。

按，考《资治通鉴》（卷四）（中华书局点校本 第145页）作："孟尝君卒，诸子争立，而齐、魏共灭薛，孟尝君绝嗣。"

《纲目续麟》认为："'齐魏灭薛'四字可省，如《提要》是罪在齐魏而薛公之恶隐矣。故文不当'卒'而特书'卒'，欲使后世知文之为文如此耳，略齐魏者，所以深罪文也。"

31. 戊子　周赧王四十二年（公元前273年）

[提要] 赵、魏伐韩，秦救之，大破其军。魏割南阳以和。秦使楚使者黄歇归约亲于楚。

[乾道壬辰本] 赵、魏伐韩，秦救之，大破其军。魏割南阳以和。

[纲目] 赵、魏伐韩，秦救之，大破其军。魏割南阳以和。

按，《资治通鉴》（卷四）（中华书局点校本 第146—149页）作："赵人、魏人伐韩华阳。韩人告急于秦，秦王弗救。……魏王不听，卒以南阳为和……使黄歇归，约亲于楚。"

《纲目》删掉《提要》最后部分，使叙事中心突出。《纲目续麟》认为："黄歇之使非秦意也，特歇恐秦一举灭楚，姑为此以缓师期耳。是歇之行为楚非为秦也，纲目不书'秦使楚使者黄歇归约亲于楚'而特书'楚太子完质于秦'，明其非秦意也。"

32. 辛卯　周赧王四十五年（公元前270年）

[提要] 魏人范雎入秦，秦以为客卿。

[乾道壬辰本] 秦以范雎为客卿。

[纲目] 秦以范雎为客卿。

按，《资治通鉴》（卷五）（中华书局点校本 第160页）作"以范雎为客卿"，修改后文字表述更加简洁清楚。

《纲目续麟》认为："当从《提要》先书魏人范雎入秦，见魏有人不能用，弃以资秦，且系雎于魏又以见雎本羁旅之客，秦加之上位，足见其用人不拘一格。"

33. 戊戌　周赧王五十二年（公元前263年）

［**提要**］楚太子完自秦逃归。君横卒，嗣立。

［**乾道壬辰本**］楚太子完自秦逃归。楚君横卒，完立，以黄歇为相，封春申君。

［**纲目**］楚太子完自秦逃归。楚君横卒，完立，以黄歇为相，封春申君。

按，《资治通鉴》（卷五）（中华书局点校本 第166页）作："秋，顷襄王薨，考烈王即位；以黄歇为相，封以淮北地，号春申君。"

《纲目》补充史实，前后过程更为完整。《纲目续麟》（卷一）认为："太子之立由黄歇也，非歇则完且不得归，况君楚哉，以歇为相，情理宜然，故当特书以明歇之为完与完之报歇盖相当也。"且周赧王十七年有"赵君封弟胜为平原君"，周赧王四十二年有"魏封公子无忌为信陵君"。

34. 辛丑　周赧王五十五年（公元前260年）

［**提要**］秦王龁攻上党，拔之。白起代将，大破赵军，杀其将赵括，坑降卒四十万。

［**乾道壬辰本**］秦王龁攻赵上党，拔之。白起代将，大破赵军，杀其将赵括，坑降卒四十万。

［**纲目**］秦王龁攻赵上党，拔之。白起代将，大破赵军，杀其将赵括，坑降卒四十万。

按，《史记·秦本纪》（卷五）（中华书局点校本 第213页）作："（昭襄王）四十七年，秦攻韩上党，上党降赵，秦因攻赵，赵发兵击秦，相距。秦使武安君白起击，大破赵于长平，四十余万尽杀之。"

"上党"原为韩地，而秦攻之时其民降赵，书"赵"则知秦、赵交兵。《纲目续麟》（卷一）认为："上党书赵，罪赵也，圣人甚祸无故之利，平阳君已言，赵不量力轻纳其地，至丧卒四十万，祸可胜道哉，书'赵上党'著祸本也。"

35. 壬寅　周赧王五十六年（公元前259年）

［提要］魏相孔斌免。

［乾道壬辰本］魏以孔斌为相，寻以病免。

［纲目］魏以孔斌为相，寻以病免。

按，《资治通鉴》（卷五）（中华书局点校本 第174—175页）作："初魏王闻子顺贤，遣使者奉黄金束帛，聘以为相。……退而以病致仕。"

《纲目》史实更加具体，非特道出"免"的事实，还说明了"免"的理由及时间。《纲目续麟》（卷一）认为："以病者斌也，寻免者魏也，书寻以病免惜斌而罪魏也，斌固贤者，使魏始终任之，国犹可为，陈计不用，遂以病免，魏用人若此，能保其不为秦乎？此《纲目》所深惜也，故书之异于常辞。如《提要》所书与秦免范雎无异，何以著斌之贤哉？"

36. 癸卯　周赧王五十七年（公元前258年）

［提要］秦王龁伐赵。

［乾道壬辰本］秦伐赵，围邯郸。

［纲目］秦伐赵，围邯郸。

按，《资治通鉴》（卷五）（中华书局点校本 第181页）有"王龁久围邯郸不拔"。

《纲目》交代更为具体。据分注，伐赵者非一将，故不书主名。"围邯郸"三字补充史实，说明这次战役的重要已关赵国社稷安危。

37. 乙巳　周赧王五十九年（公元前256年）

［提要］秦伐韩，取阳城、负黍。伐赵，取二十县。王命诸侯讨之，秦遂入寇，京师陷，王卒。

［乾道壬辰本］秦伐韩、赵，王命诸侯讨之。秦遂入寇，王入秦，尽献其地，归而卒。

［纲目］秦伐韩、赵，王命诸侯讨之。秦遂入寇，王入秦，尽献其地，归而卒。

按，《史记·周本纪》（卷四）（中华书局点校本 第168—169页）作："（周赧王）五十九年，秦取韩阳城、负黍，西周恐，倍秦，与诸侯约从，将天下锐师出伊阙攻秦，令秦无得通阳城。秦昭王怒，使将军摎攻西周。西周君奔秦，顿首受罪，尽献其邑三十六，口三万。秦受其献，归其君于周。"《史记·秦本纪》（卷五）（中华书局点校本 第218页）作："将军摎攻韩，取阳城、负黍，斩首四万。攻赵，取二十余县，首虏九万。西周君背秦，与诸侯约从，将天下锐师出伊阙攻秦，令秦毋得通阳城。于是秦使将军摎攻西周。西周君走来自归，顿首受罪，尽献其邑三十六城，口三万。秦王受献，归其君于周。"又《资治通鉴》（卷五）（中华书局点校本 第185页）作："秦将军摎伐韩，取阳城、负黍，斩首四万。伐赵，取二十余县，斩首虏九万。赧王恐，倍秦，与诸侯约从，将天下锐师出伊阙攻秦，令无得通阳城。秦王使将军摎攻西周，赧王入秦，顿首受罪，尽献其邑三十六，口三万。秦受其献，归赧王于周。是岁，赧王崩。"

"取阳城、负黍"及"取赵二十县"之事较为琐碎，且分注已载，故略去以使文字简洁。"王入秦，尽献其地，归而卒"，表述上更符合历史真实，《纲目》修正《提要》叙事。

卷二

1. 卷首

[**提要**] 起丙午秦昭襄王五十二年，尽戊戌汉王四年。

[**乾道壬辰本**] 起丙午、尽戊戌汉王四年。

[**嘉定温陵本**] 起丙午、尽戊戌汉王四年。

[**纲目**] 起丙午，尽戊戌。西楚霸王四年、汉王四年。

按，《朱子全书》本作："起丙午、尽戊戌汉王四年。"《通鉴》中，秦自是年起继周统，汉自高祖元年继秦。《提要》为草稿，故直接摘自《通鉴》，初刻本对《提要》进行了删节，而《纲目》对初刻本又有增加。《纲目》中，秦起于始皇帝并六国之后，汉起于灭楚之后。而《纲目续麟》（卷一）认为："据卷一，起丙午尽戊寅下先书'周威烈王二十三年'，此当从《提要》补'秦昭襄王五十二年'，西楚不当与汉并称，《提要》无西楚四年，良是。"

2. 庚戌　秦昭襄王之五十六年（公元前251年）

［**提要**］秋，秦王稷薨，太子立。韩王衰绖入吊祠。

［**乾道壬辰本**］秋，秦王稷薨，太子柱立。韩王衰绖入吊祠。

［**纲目**］秋，秦王稷薨，太子柱立。韩王衰绖入吊祠。

按，《朱子全书》本同《提要》。《史记·秦本纪》（卷五）（中华书局点校本 第218—219 页）作："五十六年秋，昭襄王卒，子孝文王立。……韩王衰绖入吊祠。"《资治通鉴》（卷六）（中华书局点校本 第196页）作："秋，王薨，孝文王立。……韩王衰绖入吊祠。"

据《凡例》，"继世曰：太子某立"，则"柱"字不当省。

3. 庚戌　秦昭襄王之五十六年（公元前251年）

［**提要**］（无）

［**乾道壬辰本**］赵公子胜卒。

［**纲目**］赵公子胜卒。

按，《资治通鉴》（卷六）（中华书局点校本 第197页）有"赵平原君卒"。《纲目》下文"秦王政三年"有"魏公子无忌卒"，但同卷二第二条"赵侯籍卒"不书理由一样，即卒魏不卒赵。

《纲目续麟》（卷一）认为："当从《提要》删'赵公子胜卒'五字。《纲目》不皆卒诸侯，况大夫乎？四子之中惟平原最劣。"

4. 甲寅　秦庄襄王楚三年（公元前247年）

［**提要**］五月，秦王楚薨，子政立。

［**乾道壬辰本**］五月，秦王薨，子政立。

［**纲目**］五月，秦王薨，子政立。

按，《朱子全书》本同《提要》。《史记·秦本纪》（卷五）（中华书局点校

本 第230页）作："五月丙午，庄襄王卒，子政立。"《资治通鉴》（卷六）（中华书局点校本 第203页）作："五月，丙午，王薨，太子政立。"这段时间原先的正统已灭，后来的正统未继，故而可称无统。《凡例》作："凡无统之君称帝者曰：某王某殂；称王公者曰：某王公薨。"援此例，则"王"下当有"楚"字。

5. 丁巳　秦王政三年（公元前244年）

［**提要**］大饥。

［**乾道壬辰本**］大饥。

［**纲目**］秦大饥。

按，《朱子全书》本同《提要》。《史记·秦始皇本纪》（卷六）（中华书局点校本 第224页）作"岁大饥"。《资治通鉴》（卷六）（中华书局点校本 第205页）作"大饥"。

《纲目》加"秦"字则地点明确。《提要》疑取自《通鉴》，《通鉴》以秦昭襄王五十二年起继周为正统，故书"大饥"指秦可也。《纲目》则以秦始皇并六国后方为正统，故而是年尚为无统，须加书"秦"字，否则即指天下大饥。

6. 甲子　秦王政十年（公元前237年）

［**提要**］秦吕不韦以罪免相，就国。

［**乾道壬辰本**］冬，十月，秦相国吕不韦以罪免，出就国。

［**纲目**］冬，十月，秦相国吕不韦以罪免，出就国。

按，《史记·秦始皇本纪》（卷六）（中华书局点校本 第227页）作："十年，相国吕不韦坐嫪毐免。"《史记·吕不韦列传》（卷八十五）（中华书局点校本 第2512—2513页）作："秦王十年十月，免相国吕不韦。……而出文信侯就国河南。"《资治通鉴》（卷六）（中华书局点校本 第216页）作："冬，十月。文信侯免相，出就国。"

《纲目》加了明确的时间，使史实更精确。"相国"二字，《凡例·罢免例》

作："凡罢免罪不著者曰：某官某免……著者名下加有罪字（小注：或作以罪）。"则此处当有官名。

7. 乙丑　秦王政十一年（公元前236年）

［**提要**］秦伐赵，取九城。

［**乾道壬辰本**］赵伐燕，取貍阳。秦伐赵，取九城。

［**纲目**］赵伐燕，取貍阳。秦伐赵，取九城。

按，《史记·秦始皇本纪》（卷六）（中华书局点校本 第231页）作："十一年，王翦、桓齮、杨端和攻邺，取九城。"《资治通鉴》（卷六）（中华书局点校本第 218页）作："赵人伐燕，取貍阳。兵未罢，将军王翦、桓齮、杨端和伐赵，攻邺，取九城。"

《纲目》将相关的史料合写，用意颇深。《纲目续麟》认为："（《史记·赵世家》）是年赵攻燕，取貍阳城。兵未罢，秦攻邺，拔之，书法云西支不暇而暇北侵，合书之，所以为谋人者之戒也。《提要》不书，疑漏。"

8. 己巳　秦王政十五年（公元前232年）

［**提要**］（无）

［**乾道壬辰本**］燕太子丹自秦亡归。

［**纲目**］燕太子丹自秦亡归。

按，《史记·刺客列传》（卷八十六）（中华书局点校本 第2528页）作："燕太子丹质秦亡归燕。"《资治通鉴》（卷六）（中华书局点校本 第222页）作："初燕太子丹尝质于赵，与王善。王即位，丹为质于秦，王不礼焉。丹怒，亡归。"

《纲目》此条可补充史实。《纲目续麟》认为："书太子丹自秦亡归，著燕祸之始也，秦之图燕虽不自丹始，而燕之见灭于秦，则丹激成之也，一朝之忿，忘身及亲，丹之谓与。《提要》不书，非是。"

9. 癸酉　秦王政十九年（公元前228年）

［**提要**］秦灭赵，虏王迁。秦王如邯郸，遂临燕。

[乾道壬辰本] 秦灭赵，虏王迁。秦王如邯郸，秦军屯中山以临燕。

[纲目] 秦灭赵，虏王迁。秦王如邯郸，秦军屯中山以临燕。

按，《资治通鉴》（卷六）（中华书局点校本 第224页）作："王翦击赵军，大破之，杀赵葱，颜聚之，遂克邯郸，虏赵王迁。王如邯郸，……王翦屯中山以临燕。"

《纲目》直截了当，叙事流畅。

10. 甲戌　秦王政二十年（前227年）

[提要] 燕太子丹使盗劫秦王，不克。秦遂进兵于蓟。

[乾道壬辰本] 燕太子丹使盗劫秦王，不克。秦遂击破燕、代兵，进围蓟。

[纲目] 燕太子丹使盗劫秦王，不克。秦遂击破燕、代兵，进围蓟。

按，《史记·秦始皇本纪》（卷六）（中华书局点校本 第233页）作："二十年，燕太子丹患秦兵至国，恐，使荆轲刺秦王。秦王觉之，体解轲以徇，而使王翦、辛胜攻燕。燕、代发兵击秦军，秦军破燕易水之西。"《资治通鉴》（卷七）（中华书局点校本 第228页）作："王于是大怒，益发兵诣赵，就王翦以伐燕，与燕师、代师战于易水之西，大破之。"

《纲目》交代了前因后果，更为具体。《纲目续麟》（卷一）认为："当从《纲目》书击破燕代兵。上书赵公子嘉自立为代王，与燕合兵军上谷，是助燕者代也，不书击破燕代兵，则下书秦拔蓟无张本。况后五年书秦灭燕虏王喜，还灭代，虏王嘉，尤燕、代相为存亡之始终也。"

11. 丙子　秦王政二十二年（公元前225年）

[提要] 秦王贲灭魏，王假降，杀之。

[乾道壬辰本] 秦王贲伐魏，引河沟以灌其城。魏王假降，杀之，遂灭魏。

[纲目] 秦王贲伐魏，引河沟以灌其城。魏王假降，杀之，遂灭魏。

按，《史记·秦始皇本纪》（卷六）（中华书局点校本 第234页）作："二十二年，王贲攻魏，引河沟灌大梁，大梁城坏，其王请降，尽取其地。”《资治通鉴》（卷七）（中华书局点校本 第228页）作：“王贲伐魏，引河沟以灌大梁。三月，城坏。魏王假降，杀之，遂灭魏。”

《纲目》史实更加具体。《纲目续麟》认为：“此灭魏也，伐不足言矣，引河灌城句宜删。或曰：‘齐灭宋何以书伐？’曰：‘以著宋罪。’然则魏无罪乎？……先书灭，后书降书杀，则知秦之志在灭魏，故虽降而不免于杀。”

12. 丙子　秦王政二十二年（公元前225年）

[**提要**] 楚人大败秦军，李信奔还，秦使王翦代之。

[**乾道壬辰本**] 楚人大败秦军，李信奔还，秦使王翦代之。

[**纲目**] 楚人大败秦军，李信奔还，秦王翦代之。

按，《朱子全书》本同提要。

据《资治通鉴》（卷七）（中华书局点校本 第229—230页）及分注，此处当作“秦使王翦代之”。《纲目续麟》认为：“翦之代信非翦意也，特王强之行而，《纲目》不书‘使’，非惟无以见翦强起之故，而不由王命翦亦恶得而代之。字有不可略者，此类是也。”参见卷一13“秦使甘茂”条，甘茂固请勿伐而不书使，王翦非六十万不可而书“使”，皆所谓诛意之效也，提要彼此并称，特未明此义耳。

13. 己卯　秦王政二十五年（公元前222年）

[**提要**]（无）

[**乾道壬辰本**] 五月，天下大酺。

[**纲目**] 五月，天下大酺。

按，《史记·秦始皇本纪》（卷六）（中华书局点校本 第234页）作：“五月，天下大酺。”《资治通鉴》（卷七）（中华书局点校本 第232页）作：“五月，天下大酺。”

《纲目续麟》认为：“《提要》不书，因其时秦虽灭五国，齐犹在也，安得亟以天下归秦？”

14. 庚辰　秦始皇二十六年（公元前221年）

[**提要**] 王贲灭齐，王建降。

[**乾道壬辰本**] 王贲袭齐，王建降，遂灭齐。

[**纲目**] 王贲袭齐，王建降，遂灭齐。

按，《史记·秦始皇本纪》（卷六）（中华书局点校本 第235页）作："二十六年，王建与其相后胜发兵守其西界，不通秦。秦使将军王贲从燕南攻齐，得齐王建。"《资治通鉴》（卷七）（中华书局点校本 第233—234页）作："王贲自燕南攻齐，猝入临淄，民莫敢格者。秦使人诱齐王，约封以五百里之地。齐王遂降，秦迁王之共，处之松柏之间，饿而死。"

《纲目》较为详细。《凡例·征伐例》作："掩其不备曰袭。"由分注及《通鉴》知"袭"字更为贴切。

15. 壬午　秦始皇二十八年（公元前219年）

[**提要**] 帝东巡，立石邹峄山，封泰山、禅梁父，遂游海上求神仙，南渡江，乃还。

[**乾道壬辰本**] 帝东巡，上邹峄山，立石颂功业，封泰山，立石，下禅梁父。遂登琅邪，立石，遣徐市入海求神仙。渡淮，浮江，至南郡而还。

[**纲目**] 帝东巡，上邹峄山，立石颂功业，封泰山，立石，下禅梁父。遂登琅邪，立石，遣徐市入海求神仙。渡淮，浮江，至南郡而还。

按，《史记·秦始皇本纪》（卷六）（中华书局点校本 第242、244页）有"上邹峄山，立石""南登琅邪，……立石刻"。《资治通鉴》（卷七）（中华书局点校本 第238页）作："始皇东行郡县，上邹峄山，立石颂功业。"

《纲目》文字较为详细。李述来在《读〈通鉴纲目〉条记》中认为："此用《通鉴》原文耳。"

16. 丁亥　秦始皇三十三年

[**提要**] 略取南越地，置桂林、南海、象郡。

[**乾道壬辰本**] 略取南越地，置桂林、南海、象郡。以谪徙民五十万

戍之。

[**纲目**] 略取南越地，置桂林、南海、象郡。以谪徙民五十万戍之。

《纲目》补充史实。

17. 辛卯　秦始皇三十七年（公元前210年）

[**提要**] 冬，十月，帝东巡。至云梦，祀虞舜；上会稽，祭大禹。秋，七月，至沙丘崩。丞相李斯、宦者赵高立少子胡亥为太子，杀扶苏及蒙恬。还至咸阳，胡亥袭位。九月，葬骊山。

[**乾道壬辰本**] 冬，十月，帝东巡。至云梦，祀虞舜；上会稽，祭大禹，立石颂德。秋，七月，至沙丘崩。丞相李斯、宦者赵高矫遗诏立少子胡亥为太子，杀扶苏、蒙恬。还至咸阳，胡亥袭位。九月，葬骊山。

[**纲目**] 冬，十月，帝东巡。至云梦，祀虞舜；上会稽，祭大禹，立石颂德。秋，七月，至沙丘崩。丞相李斯、宦者赵高矫遗诏立少子胡亥为太子，杀扶苏、蒙恬。还至咸阳，胡亥袭位。九月，葬骊山。

按，《资治通鉴》（卷七）（中华书局点校本 第247—250页）有："立石讼德……诈以始皇命诛扶苏而立胡亥为太子。"

《纲目》增加"立石颂德"和"矫遗诏"七字。始皇"立石"，《纲目》此前已书五处。故此处亦书以同其体例。前五处不书"颂德"，此处书"立石于会稽"，是欲以禹较德，故特书以讥之。赵高无立太子之权，"矫遗诏"说明谋立之举乃出自李斯、赵高二人。

18. 丙申（公元前205年）

[**提要**] 西楚二年、汉二年。

[**乾道壬辰本**] 西楚二年、汉二年。

O是岁楚、常山、河南、韩、殷、雍、魏七国皆亡。凡二大国，及代、九江、衡山、临江、燕、齐六小国，为八国。又赵王歇后元，代王陈余、韩王信皆元年，而齐王假王，广代立，定十二国。

[**纲目**] 西楚二年、汉二年。

O是岁楚、常山、河南、韩、殷、雍、魏七国皆亡。凡二大国，及代、九江、衡山、临江、燕、齐六小国，为八国。又赵王歇后元，代王陈余、韩王信皆元年，而齐王假王，广代立，定十二国。

按，《纲目》对《提要》做了补充，交代当时总体政治格局。

卷三

1. 乙巳　汉高祖十一年（公元前196年）

［**提要**］十一年冬，破豨军。春，正月，皇后杀淮阴侯韩信，夷三族。

［**乾道壬辰本**］十一年冬，破豨军。春，正月，皇后杀淮阴侯韩信，夷三族。

［**纲目**］十一年冬，破豨军。春，正月，后杀淮阴侯韩信，夷三族。

按，《朱子全书》本同《提要》。《汉书·高帝纪》（卷一下）（中华书局点校本 第70页）作："春正月，淮阴侯韩信谋反长安，夷三族。"《汉书·韩彭英庐吴传》（卷三十四）（中华书局点校本 第1878页）作："信入，吕后使武士缚信，斩之长乐钟室。"《资治通鉴》（卷十二）（中华书局点校本 第390页）作："信入，吕后使武士缚信，斩之长乐钟室。"

援晋永康元年书"皇后杀故太子遹"，唐乾封元年书"皇后杀其从兄武惟良"等例，皆不去"皇"字，故此例当同。另后出之书如《历代通鉴辑览》（卷十三）作："皇后杀淮阴侯韩信，夷三族。"当是同意这个观点。疑刊刻时"皇"字漏刻。

2. 庚戌　汉惠帝四年（公元前191年）

［**提要**］夏，六月，帝冠。

［**乾道壬辰本**］夏，六月，帝冠。

［**纲目**］三月，帝冠。

按，《朱子全书》本同《提要》。考《汉书》（卷二）（中华书局点校本 第90页）作："四年，三月甲子，皇帝冠，赦天下。"《资治通鉴》（卷十二）（中

华书局点校本 第415页）作："三月，甲子，皇帝冠，赦天下。"

《纲目》修正了《提要》史实上的错误。

3. 庚戌　汉惠帝四年（公元前191年）

［提要］省法令妨民者。

［乾道壬辰本］省法令妨民者。

［纲目］省法令妨吏民者。

按，《朱子全书》本同《提要》。考《汉书》（卷二）（中华书局点校本 第90页）作"省法令妨吏民者"。《资治通鉴》（卷十二）（中华书局点校本 第415页）作"省法令妨吏民者。"《大事记》（卷九）、《通志》（卷五上）等均同《纲目》。

《纲目续麟》认为："《书》称'民为邦本'，置吏所以为民也，后之为吏者瘠民肥己，于是又便于吏而不便于民者，以当以民为主，苟利于民，何惜于吏？民公而吏私也。必欲与民并省，天下宁有此两利之道哉？"笔者不同意这个观点，认为《纲目》扩大了对象，更为全面，因为在最高统治者看来"吏"与"民"并非对立的，他们都是他的臣民，都是他的施政对象。再者文字与《汉书》《通鉴》同，当是历经考验。

4. 乙卯　汉高皇后吕氏二年（公元前186年）

［提要］夏，五月，太后封齐王子章为朱虚侯，令入宿卫。

［乾道壬辰本］夏，五月，太后封齐王子章为朱虚侯，令入宿卫。

［纲目］夏，五月，太后封齐王弟章为朱虚侯，令入宿卫。

按，《朱子全书》本同提要。《史记·吕太后本纪》（卷九）（中华书局点校本 第400页）作"封齐悼惠王子章为朱虚侯"。《汉书·高后纪》（卷三）（中华书局点校本 第100页）作"（刘章）使人告兄齐王，令发兵西"；又《汉书·高五王传》（卷三十八）（中华书局点校本 第1987页）有"齐悼惠王肥，高祖六年立，十三年卒；齐哀王襄，孝惠七年嗣，十二年薨"。则吕后二年齐王当谓齐哀王襄，为刘章之兄。故《纲目》的修改更符合事实。

5. 乙卯　汉高皇后吕氏二年（公元前186年）

［**提要**］恒山王不疑卒。

［**乾道壬辰本**］恒山王不疑卒。

［**纲目**］秋，七月，恒山王不疑卒。

按,《朱子全书》本同《提要》。考《汉书》（卷三）（中华书局点校本 第97页）作“秋七月，恒山王不疑薨”。《资治通鉴》（卷十三）（中华书局点校本 第422页）作“秋七月，恒山哀王不疑薨”。

则史实无误,《纲目》时间更为具体。

6. 癸亥　汉文帝恒二年（公元前178年）

［**提要**］除诽谤妖言法。

［**乾道壬辰本**］除诽谤妖言法。

［**纲目**］夏，五月，除诽谤妖言法。

按,《朱子全书》本同《提要》。考《汉书》（卷四）（中华书局点校本 第118页）作：“五月，诏曰：古之治天下，朝有进善之旌，诽谤之木，所以通治道而来谏者也。今法有诽谤妖言之罪，是使众臣不敢尽情，而上无由闻过失也。将何以来远方之贤良？其除之。”《资治通鉴》（卷十三）（中华书局点校本 第453页）作：“五月，诏曰：……今法有诽谤妖言之罪，是使众臣不敢尽情，而上无由闻过失也。将何以来远方之贤良？其除之。”

则史实无误,《纲目》时间更具体。

7. 壬申　汉文帝十一年（公元前169年）

［**提要**］冬，梁王揖卒，徙淮阳王武为梁王。

［**乾道壬辰本**］冬，梁王揖卒，徙淮阳王武为梁王。

［**纲目**］夏，梁王揖卒，徙淮阳王武为梁王。

按,《朱子全书》本同《提要》。考《汉书》（卷四）（中华书局点校本 第123页）作“夏六月，梁王揖薨”。《资治通鉴》（卷十五）（中华书局点校本 第483页）作“夏六月，梁怀王揖薨”。

《纲目》纠正《提要》之误。

卷四

1. 戊戌　汉景帝启后元年（公元前143年）

［**提要**］夏，五月，大酺五日，民得酤酒。

［**乾道壬辰本**］夏，五月，大酺五日，民得酤酒。

［**纲目**］夏，大酺五日，民得酤酒。

按，《朱子全书》本同《提要》。考《汉书》（卷五）（中华书局点校本 第150页）作："夏，大酺五日，民得酤酒。"《资治通鉴》（卷十六）（中华书局点校本 第542页）作："夏，大酺五日，民得酤酒。"《大事记》（卷十一）、《通志》（卷五下）同《纲目》。

则《提要》五月不知出处何在，以上资料更支持《纲目》的表述。疑是后人依正史与《通鉴》改之。

2. 甲辰　汉武帝建元四年（公元前137年）

［**提要**］夏，有风如血赤。

［**乾道壬辰本**］有风赤如血。

［**嘉定温陵本**］有风赤如血。

［**纲目**］夏，有风如血。

按，《朱子全书》本作"夏，有风赤如血"；《汉书·武帝纪》（卷六）（中华书局点校本 第159页）作"四年夏，有风赤如血"；《资治通鉴》（卷十七）（中华书局点校本 第567页）作"夏，有风赤如血"。

笔者认为写《提要》时往往从正史、《通鉴》等处所得大概，如第一卷第一条，而修订过程中有严格核对原始史料的工序，所以初刻本《纲目》与《通鉴》同，而通行本《纲目》疑是漏刻，或者后人认为"如血"已言"赤"之情状，故"赤"字毋庸赘述。

3. 甲辰　汉武帝建元四年（公元前137年）

［提要］秋，九月，有星孛于西北。

［乾道壬辰本］秋，九月，有星孛于西北。

［纲目］秋，九月，有星孛于东北。

按，《朱子全书》本同《提要》。考《汉书·武帝纪》（卷六）（中华书局点校本 第159页）作："秋，九月。有星孛于东北。"《资治通鉴》（卷十七）（中华书局点校本 第567页），作："秋，九月。有星孛于东北。"《前汉纪·卷十》、《大事记》（卷十一）、《续古今考》（卷十七）同《纲目》。

此处为《纲目》修正《提要》行文错误。

4. 甲寅　汉武帝元朔二年（公元前127年）

［提要］二年冬，赐淮南王安几杖，毋朝。

［乾道壬辰本］二年冬，赐淮南王安几杖，毋朝。

［纲目］二年冬，赐淮南王几杖，毋朝。

按，《朱子全书》本同《提要》。考《汉书》（卷六）（中华书局点校本 第170页）作："二年冬，赐淮南王、淄川王几杖，毋朝。"《资治通鉴》（卷十八）（中华书局点校本 第603页）作："冬，赐淮南王几杖，毋朝。"《西汉年纪》（卷十三）同《提要》。

考《纲目》汉文帝三年，书"淮南长来朝"；汉武帝建元二年，书"淮南王安来朝"；建元三年，有"中山王胜来朝"；元光五年，有"河间王德来朝"。以上几处均书名，笔者认为此处当同其例。《汉书》原始材料来自当时宫廷档案，自不必书，《通鉴》引用《汉书》，但《纲目》体例要求书名。通行本《纲目》疑是以《通鉴》和正史改，但拘泥于文字本身，没有从全书体例上考察。

5. 乙卯　汉武帝元朔三年（公元前126年）

［提要］以公孙弘为御史大夫。罢苍海郡。

［乾道壬辰本］以公孙弘为御史大夫。罢苍海郡。

[纲目]以公孙弘为御史大夫。春，罢苍海郡。

按，《朱子全书》本同《提要》。考《汉书·武帝纪》(卷六)(中华书局点校本 第171页)作："三年春，罢苍海郡。"《资治通鉴》(卷十八)(中华书局点校本 第610页)作："以公孙弘为御史大夫。……春，罢苍海郡。"

6. 戊辰　汉武帝元鼎四年(公元前113年)

[提要]封周后姬嘉为周子南君。

[乾道壬辰本]封周后姬嘉为周子南君。

[纲目]封周后姬嘉为子南君。

按，《朱子全书》本同《提要》。《史记·周本纪》(卷四)(中华书局点校本 第170页)有："汉兴九十有余载，天子将封太山，东巡狩至河南，求周苗裔，封其后嘉三十里地，号周子南君，比列侯，以奉其先祭祀。"《汉书·武帝纪》(卷六)(中华书局点校本 到183页)作："询问耆老，乃得孽子嘉。其封嘉为周子南君，以奉周祀。"《资治通鉴》(卷二十)(中华书局点校本 第660页)作："封周后姬嘉为周子南君。"颜师古注曰："子南，其封邑之号，以为周后，故总言周子南君。"

援《纲目》于元帝初元五年书"周子南君"之例则此处当同其例。《纲目续麟》认为："系之于周，示不臣也，不书则疑于汉矣，非所以尊先代也。"

卷五

1. 癸未　汉武帝天汉三年(公元前98年)

[提要]三月，帝东巡，修封禅、祀明堂，还祠常山。

[乾道壬辰本]三月，帝东巡，还祠常山。

[纲目]三月，帝东巡，还祠常山。

按，考《汉书》(卷六)(中华书局点校本 第204页)作："三月，行幸泰山，修封，祀明堂，因受计，祠常山。"《资治通鉴》(卷二十二)(中华书局点校本 第719页)作："三月，上行幸泰山，修封，祀明堂，因受计。还，祠常山。”

《纲目》较《提要》简洁。

2. 癸巳 汉武帝后元元年（公元前88年）

[**提要**] 侍郎仆射马何罗反，伏诛。

[**乾道壬辰本**] 侍郎仆射马何罗反，伏诛。

[**纲目**] 侍中仆射马何罗反，伏诛。

按《朱子全书》本同《提要》。考《资治通鉴》（卷二十二）（中华书局点校本 第743页），作“侍中仆射马何罗”；另《汉书》（卷六）（中华书局点校本 第211页）作“侍中仆射莽何罗与弟重合侯通谋反”。

侍中：官名，秦始置，为丞相属官。两汉沿置，属少府，为自列侯以下至郎的加官，无定员，侍从皇帝左右，对应顾问，为皇帝近侍，秩比二千石。

侍郎：官名。秦置，汉沿置。为郎中令（光禄勋）属官。西汉时为宫廷近侍，秩比四百石。

据上述史料，知当从《纲目》作“侍中”，此条属后人据《通鉴》、正史改正《纲目》史实错误之类。

3. 丁巳 汉宣帝元康二年（公元前64年）

[**提要**] 夏，五月，诏二千石察官属治狱不平者，郡国被疾疫者，毋出今年租。

[**乾道壬辰本**] 夏，五月，诏二千石察官属治狱不平者，郡国被疾疫者，毋出今年租。

[**纲目**] 夏，五月，诏二千石察其官属治狱不平者，郡国被疾疫者，毋出今年租。

按，《朱子全书》本同《提要》。《汉书》（卷八）（中华书局点校本 第256页）作“各察官属”。《资治通鉴》（卷二十五）（中华书局点校本 第827页），作：“五月，诏曰：……二千石各察官属，……其令郡国被灾甚者，毋出今年租赋。”

加“其”字，表明是下属官属，不加则因“察”字而又前无“各”字，容易扩大对象。此条为后人根据文意对《纲目》做出的修正，使之文从字顺。

卷六

1. 辛巳　汉元帝永光四年（公元前40年）

[**提要**] 四年，夏，六月，晦，日食。以周堪为光禄大夫，张猛为太中大夫。堪卒，猛自杀。

[**乾道壬辰本**] 四年，夏，六月，晦，日食。以周堪为光禄大夫，张猛为太中大夫。堪卒，猛自杀。

[**纲目**] 四年，夏，六月，晦，日食。以周堪为光禄大夫，张猛为太中大夫。猛自杀。

按，《朱子全书》本同《提要》。《资治通鉴》（卷二十九）（中华书局点校本 第923页）作:“夏六月，……戊寅晦，日有食之。……因下诏称堪、猛之美，征诣行在所，拜为光禄大夫，……猛复为太中大夫。……会堪疾瘖，不能言而卒。显诬猛，令自杀于公车。”

猛为堪弟子。《纲目》堪、猛连书，如汉元帝初元三年，“以周堪为光禄勋，张猛为光禄大夫，给事中”。汉元帝永光元年，“左迁周堪为河东太守，张猛为槐里令”。《纲目续麟》认为，分注“会堪疾瘖，不能言而卒。显诬谮猛，令自杀于公车”，是猛之自杀由堪卒也，书卒所以见猛自杀之由。笔者同意这一观点。

2. 甲申　汉元帝建昭二年（公元前37年）

[**提要**] 秋，闰八月，太皇太后上官氏崩。

[**乾道壬辰本**] 秋，闰八月，太皇太后上官氏崩。

[**纲目**] 闰八月，太皇太后上官氏崩。

按，《朱子全书》本同《提要》。《汉书》（卷九）（中华书局点校本 第294页）作：“六月，……闰月丁酉，太皇太后上官氏崩。”《资治通鉴》（卷二十九）（中华书局点校本 第935页）作："闰（八）月，丁酉，太皇太后上官氏崩。"考《纲目》前一条有"秋杀魏郡太守京房"，由《纲目》体例，此处不书"秋"。

3. 丙申　汉成帝河平四年（公元前25年）

[**提要**] 夏，四月，诏收丞相、乐昌侯王商印绶。商以忧卒。

[**乾道壬辰本**] 夏，四月，诏收丞相、乐昌侯王商印绶。商以忧卒。

[**纲目**] 夏，四月，诏收丞相、乐昌侯商印绶。商以忧卒。

按，《朱子全书》本同《提要》。《资治通鉴》（卷三十）（中华书局点校本 第977页）作："夏，四月，壬寅，诏收商丞相印绶。商免相三日，发病，呕血薨，谥曰戾侯。"

《纲目续麟》认为，据例宰相贤者书姓，商不附凤，不可谓非贤，当从《提要》补"王"字，然孟子谓姓所同也，而以去留危贤否之分，恐非定例，但其自相矛盾为可议耳。

卷七

1. 乙巳　汉成帝永始元年（公元前16年）

[**提要**] 夏，四月，封赵临为城阳侯。下谏大夫刘辅狱，论为鬼薪。

[**乾道壬辰本**] 夏，四月，封赵临为城阳侯。下谏大夫刘辅狱，论为鬼薪。

[**纲目**] 夏，四月，封赵临为城阳侯。下谏大夫刘辅狱，为鬼薪论。

按，考《汉书》（卷七十七）（中华书局点校本 第3254页）作："上乃徙系辅共工狱，减死罪一等，论为鬼薪。"《资治通鉴》（卷三十一）（中华书局点校本 第999页）作："夏，四月，乙亥，上先封倢伃父临为城阳侯。……上乃徙辅系共工狱，减死罪一等，论为鬼薪。"后出之书如《历代通鉴辑览》（卷十八）同《提要》。

《纲目续麟》认为，"论为鬼薪"已成之案也，"为鬼新论"未定之辞也。

大书所以示戒，不宜舍成案而从未定之辞，当从《提要》为正。根据以上材料，笔者同意《纲目续麟》观点。

2. 丙午　汉成帝永始二年（公元前15年）

[**提要**]二月，星陨如雨。络绎未至地灭，是月晦，日食。

[**乾道壬辰本**]二月，星陨如雨。是月晦，日食。

[**纲目**]二月，星陨如雨。是月晦，日食。

按，考《汉书》（卷十）（中华书局点校本 第321页）作："二月癸未夜，星陨如雨。乙酉晦，日有蚀之。"《资治通鉴》（卷三十一）（中华书局点校本第1007页）作："二月，癸未夜，星陨如雨，绎绎未至地灭，乙酉晦，日有食之。"《汉书》（卷二十七下之下）、《春秋属辞》（卷一）、《文献通考》（考二百九十七）有"绎绎未至地灭"。

绎绎：相连不断的样子。

络绎：往来不绝、接连不断。

《提要》此句为描述性语句，故可省。

3. 己未　汉哀帝元寿元年（公元前2年）

[**提要**]皇太太后傅氏崩，合葬孝元皇后于渭陵。

[**乾道壬辰本**]皇太太后傅氏崩，合葬孝元皇后于渭陵。

[**纲目**]皇太太后傅氏崩，合葬渭陵，号孝元傅皇后。

按，《朱子全书》本同《提要》。考《汉书》（卷十一）（中华书局点校本第343页）作"皇太太后傅氏崩"。《资治通鉴》（卷三十五）（中华书局点校本第1114页）作："皇太太后傅氏崩，合葬渭陵，称孝元傅皇后。"

《纲目续麟》认为，书"号"孝元皇后，不成之为孝元皇后也。傅氏的身份是元帝之妾，合葬不合古制。故《凡例》"合葬不书"，此处讽其不合礼制。

4. 壬戌　汉平帝元始二年（公元2年）

[**提要**]大夫龚胜、邴汉罢。

[**乾道壬辰本**]大夫龚胜、邴汉罢归。

[纲目] 大夫龚胜、邴汉罢归。

按,《汉书》(卷七十二)(中华书局点校本 第3083页)作:“王莽秉政,胜与汉俱乞骸骨。……于是胜、汉遂归老于乡里。”《资治通鉴》(卷三十五)(中华书局点校本 第1135页)作:“光禄大夫楚国龚胜、太中大夫琅邪邴汉,以王莽专政,皆乞骸骨。……皆加优礼而遣之。”

《纲目》表述更加详尽,更接近事实。

卷八

1. 辛未　新莽始建国三年(公元11年)

[提要] 匈奴诸部分道入塞,杀守尉,略吏民。州郡兵起。

[乾道壬辰本] 匈奴诸部分道入塞,杀守尉,略吏民。州郡兵起。

[纲目] 匈奴诸部分道入寇,杀守尉,略吏民。州郡兵起。

按,《朱子全书》本同《提要》。《资治通鉴》(卷三十七)(中华书局点校本 第1191页)作:“单于……遣左骨都侯……将兵入云中益寿塞,大杀吏民。”

又《凡例·征伐例》,中国无主,但云入塞。据四年书貉人入边,当从《提要》为是。如云“入寇”则予新莽于正统耶。

2. 癸未　汉帝玄更始元年(公元23年)

[提要] 六月,刘秀大破莽兵于昆阳下,诛王寻。

[乾道壬辰本] 六月,刘秀大破莽兵于昆阳下,诛王寻。

[纲目] 六月,刘秀大破莽兵于昆阳下,杀王寻。

按,《朱子全书》本同《提要》。《后汉书》(卷一上)(中华书局点校本 第8页)作:“寻、邑阵乱,汉兵乘锐崩之,遂杀王寻。”《资治通鉴》(卷三十九)(中华书局点校本 第1243页)作:“秀乃与敢死者三千人从城西水上,冲其中坚。……寻、邑阵乱,汉兵乘锐崩之,遂杀王寻。”

《凡例》凡得罪人于臣子者曰“诛”。王寻篡贼之臣,《纲目》此上廉丹、甄阜、梁丘赐,此下严尤、陈茂、王匡、哀章,皆系莽臣并书诛,光武诛王寻亦不当独书杀。后出之书如《大事记续编》(卷七)、《通鉴纪事本末》(卷五下)、《通志》(卷六上)等均同《纲目》作“杀”。《纲目续麟》(汇览卷上)、《历代通鉴辑览》(卷二十)同《提要》作“诛”。

3. 癸未　汉帝玄更始元年(公元23年)

[**提要**]玄杀其大司徒刘縯，以刘秀为破虏大将军。

[**乾道壬辰本**]玄杀其大司徒刘縯，以刘秀为破虏大将军。

[**嘉定温陵本**]玄杀大司徒刘縯，以刘秀为破虏大将军。

[**纲目**]玄杀大司徒縯，以刘秀为破虏大将军。

按，《朱子全书》本作：“玄杀大司徒刘縯，以刘秀为破虏大将军。”《后汉书·光武帝纪》(卷一)(中华书局点校本 第9页)作：“会伯升(刘縯字)为更始所害，光武自父城驰诣宛谢。司徒官属迎吊光武，光武难交私语，深引过而已。未尝自伐昆阳之功，又不敢为伯升服丧，饮食言笑如平常。更始以是惭，拜光武为破虏大将军，封武信侯。”《资治通鉴》(卷三十九)(中华书局点校本 第1245页)作：“因劝更始并执縯，即日杀之。……更始以是惭，拜秀为破虏大将军，封武信侯。”

卷九

1. 己丑　汉光武帝建武五年(公元29年)

[**提要**]彭宠奴斩宠来降，夷其族，封奴为不义侯。以郭伋为渔阳太守。

[**乾道壬辰本**]彭宠奴斩宠来降，夷其族，封奴为不义侯。以郭伋为渔阳太守。

[**纲目**]彭宠奴斩宠来降，夷其族，封奴为不义侯。

按，考《后汉书》(卷一)(中华书局点校本 第38页)作“彭宠为其苍头所杀，渔阳平”。《资治通鉴》(卷四十一)(中华书局点校本 第1325页)有“帝以扶风郭伋为渔阳太守”。

《纲目续麟》认为：纲目太守不悉书，惟贤而有政者则书之(如杜诗、张堪、第五伦之流)。故“彭宠为渔阳太守”不书，郭伋不书，亦是类耳。

2. 庚寅　汉光武帝建武六年(公元30年)

[**提要**]五月，帝还宫。

[**乾道壬辰本**]五月，还宫。

[**纲目**]五月，还宫。

按，据间无异事，“帝”字当省。

3. 戊戌　汉光武帝建武十四年(公元38年)

[**提要**]十四年，莎车、鄯善遣使奉献。请都护，不许。

[**乾道壬辰本**]十四年，莎车、鄯善遣使奉献。请都护，不许。

[**纲目**]十四年，莎车、鄯善遣使奉献。请置都护，不许。

按，考《后汉书》(卷一下)(中华书局点校本 第64页)作：“莎车国、鄯善国遣使奉献。”

《资治通鉴》(卷四十三)(中华书局点校本 第1383页)作：“莎车国贤、鄯善王安皆遣使奉献。西域苦匈奴重敛，皆愿属汉、复置都护；上以中国新定，不许。”

都护为官名，当加“置”字。如同卷有“初置青节左校尉官”“复置护羌校尉官”。

4. 戊戌　汉光武帝建武十四年(公元38年)

[**提要**]太中大夫梁统请更定律令，不报。

[**乾道壬辰本**]太中大夫梁统请更定律令，不报。

[**纲目**]太中大夫梁统请更定律，不报。

按，《朱子全书》本同《提要》。《后汉书·梁统列传》(卷三十四)(中华书局点校本 第1166—1169页)作：“统在朝廷，数陈便宜。以为法令既轻，下奸不胜，宜重刑罚，以遵旧典，乃上疏曰：……议上，遂寝不报。”《资治通鉴》(卷四十三)(中华书局点校本 第1383页)作：“太中大夫梁统上疏曰：……高帝受命，约令定律，诚得其宜，文帝唯除省肉刑、相坐之法，自余皆率由旧章。至哀、平继体，即位日浅，听断尚寡。丞相王嘉轻为穿凿，亏除先帝旧约成律，……愿陛下宜诏有司，详择其善，定不易之典！”

由“约令定律”知“律令”不当简为“律”。如《纲目》一书类似例子有：汉武帝元光五年“诏太中大夫张汤、中大夫赵禹定律令”，汉成帝河平元年“减死刑、省律令”，晋武帝奉始四年“春正月，晋律令成”，宋顺帝升明元年“九月，魏更定律令”，宋顺帝升明三年“魏使高允议定律令”，南北朝齐魏辛未年“五月，魏主更定律令”。“定”字连上为动词词组“更定”，不是形容词连下为“定律”。由上述例子推断，《纲目》刊本此处“令”字漏。

5. 辛丑　汉光武帝建武十七年（公元41年）

[**提要**] 进右冯翊公辅为沛王。

[**乾道壬辰本**] 进右冯翊公辅为中山王。

[**纲目**] 进右冯翊公辅为中山王。

按，《朱子全书》本作“进右翊公辅为中山王”。考《后汉书》（卷一下）（中华书局点校本 第68页）作：“进右冯翊公辅为中山王。”《资治通鉴》（卷四十三）（中华书局点校本 第1390页）作：“帝进郭后子右翊公辅为中山王。”《纲目续麟》认为：辅为中山王实自右翊进，至为沛王则自中山王徙也。（见下条），《提要》不书“中山王为沛王”，良是。

6. 甲辰　汉光武帝建武二十年（公元44年）

[**提要**]（无）

[**乾道壬辰本**]（无）

[**纲目**] 徙中山王辅为沛王。

按，考订见上条。

7. 己酉　汉光武帝建武二十五年（公元49年）

[**提要**] 南单于击北匈奴，破之，来请使者监护。

[**乾道壬辰本**] 南单于击北单于，破之，来请使者监护。

[**纲目**] 南单于击北单于，破之，来请使者监护。

按，考《后汉书》（卷一下）（中华书局点校本 第77页）作："南单于遣使诣阙贡献，奉藩称臣；又遣其左贤王击破北匈奴。"《资治通鉴》（卷四十四）（中华书局点校本 第1409页）作："南单于遣其弟左贤王莫。将兵万余人，击北单于弟薁鞬左贤王，生获之。北单于震怖，却地千余里。……三月，南单于复遣使诣阙贡献，求使者监护。"

8. 丁巳　汉光武帝建武中元二年（公元57年）

［提要］烧当羌反，遣兵击之，败没。冬，复遣马武讨之。

［乾道壬辰本］烧当羌反，遣兵击之，败没。冬，复遣马武等讨之。

［纲目］烧当羌反，遣兵击之，败没。冬，复遣马武等讨之。

按，《后汉书》（卷二）（中华书局点校本 第97页）作："（中元二年）冬十一月，遣中郎将窦固监捕虏将军马武等二将军讨烧当羌。"《资治通鉴》（卷四十四）（中华书局点校本 第1432）作："秋，七月，马武等击烧当羌，大破之，余皆降散。"又《纲目》分注："冬十一月，复遣中郎将邓固监不虏将军马武等二将军四万人讨之。"

由上知非马武一人，当依《纲目》加"等"字。

9. 壬戌　汉明帝永平五年（公元62年）

［提要］冬，十月，帝如邺。是月，还宫。十一月，北匈奴寇云中，南单于击却之。十二月，安丰侯窦融卒。

［乾道壬辰本］冬，十月，帝如邺。是月，还宫。

O十一月，北匈奴寇五原、云中，南单于击却之。

O十二月，安丰侯窦融卒。

［嘉定温陵本］冬，十月，帝如邺。是月，还宫。十一月，北匈奴寇五原、云中，南单于击却之。安丰侯窦融卒。

［纲目］冬，十月，帝如邺。是月，还宫。十一月，北匈奴寇云中，南单于击却之。安丰侯窦融卒。

按，《朱子全书》本作："冬，十月，帝如邺。是月，还宫。十一月，北匈奴寇五原、云中，南单于击却之。安丰侯窦融卒。”考《后汉书》（卷二）（中华书局点校本 第108页）作：“冬十月，行幸邺。……十一月，北匈奴寇五原；十二月，寇云中，南单于击却之。”又《后汉书·窦融传》（卷二十三）（中华书局点校本 第808页）作：“（永平）五年，……会融卒，时年七十八。”《资治通鉴》（卷四十五）（中华书局点校本第1443页）作：“冬，十月，上行幸邺；是月，还宫。十一月，北匈奴寇五原；十二月，寇云中，南单于击却之。……安丰戴侯窦融年老，子孙纵诞，多不法。……融寻薨。”

有以上材料知，窦融死时月份不详，按照史书惯例，写在年末。《提要》依《通鉴》而成，以为《通鉴》写在十二月之下故误作十二月事，而《纲目》则经过严格审定和查考，修正原有的错误。《纲目续麟》认为：《后汉书》匈奴寇五原在十一月，其寇云中南单于击却之在十二月，纲目并书省文耳。故融卒不书月，书十二月则嫌以单于击匈奴为十一月矣，故略之,《提要》“十二月”三字宜删。

10. 庚午　汉明皇帝永平十三年（公元70年）

[提要] 冬，十月，晦，日食。楚王英有罪，废，徙丹阳。

[乾道壬辰本] 冬，十月，晦，日食。十一月，楚王英有罪，废，徙丹阳。

[纲目] 冬，十月，晦，日食。十一月，楚王英有罪，废，徙丹阳。

按，考《后汉书》（卷二）（中华书局点校本 第117页）作：“十一月，楚王英谋反，废，国除，迁于泾县（属丹阳郡）。”《资治通鉴》（卷四十五）（中华书局点校本 第1453页）作：“冬，十月，壬辰晦，日有食之。……十一月，废英，徙丹阳泾县。”

11. 甲戌　汉明皇帝永平十七年（公元74年）

[提要] 冬，十一月，遣窦固等击车师，降之，复置西域都护、戊己校尉官。

[乾道壬辰本] 冬，十一月，遣窦固等击车师，降之，复置西域都护、戊

己校尉。

[**纲目**] 冬，十一月，遣窦固等击车师，降之，复置西域都护、戊己校尉。

按，考《后汉书》（卷二）（中华书局点校本 第122页）作："冬十一月，遣奉车都尉窦固、驸马都尉耿秉、骑都尉刘张出敦煌昆仑塞，击破白山虏于蒲类海上，遂入车师。初置西域都护、戊己校尉。"《资治通鉴》（卷四十五）（中华书局点校本 第1466页）作："于是固奏复置西域都护及戊己校尉。"

西域都护：官名。西汉宣帝地第二年（公元前60年）遣侍郎郑吉屯田渠黎（今新疆库尔勒尉黎一带），与匈奴争夺车师，使护鄯善以西"南道"诸国。至神爵二年匈奴日逐王降汉，使郑吉发兵迎之，"北道"亦通，遂以郑吉兼护东师以西"北道"，因总领南北两道，遂号都护。多骑都尉、卫司马、谏大夫等持节出使，以领护西域三十六国。自此，西域南北道皆入中国版图。属官有副校尉、戊己校尉、丞、司马、千人等。（参见《文献通考·考555上》）

戊己校尉：官名。西汉元帝初年（公元前48年）始置。主屯田，兼抚领西域诸国，在诸校尉中地位最显，亦是西域都护之重要属官。有时戊己为一官，有时为二官。

《纲目考异》认为：据后建初元年，书罢都护及戊己校尉官，则此当从提要。《纲目续麟》认为：都护校尉即官也。《提要》不必从，建初元年"官"字羡。

12. 乙亥　汉明皇帝永平十八年（公元75年）

[**提要**] 北匈奴击车师后王安得，杀之，遂攻己校尉耿恭，恭击却之。

[**乾道壬辰本**] 北匈奴击车师后王安得，杀之，遂攻戊校尉耿恭，恭击却之。

[**纲目**] 北匈奴击车师后王安得，杀之，遂攻戊校尉耿恭，恭击却之。

按，考《后汉书》（卷二）（中华书局点校本 第123页）作："北匈奴及车师后王围戊己校尉耿恭。"《资治通鉴》（卷四十五）（中华书局点校本 第1466页）作："以陈睦为都护，司马耿恭为戊校尉，屯后王部金蒲城，谒者关宠为己校尉，屯前王部柳中城。”

《纲目》此处修正了《提要》史实之误。

13. 乙亥　汉明帝永平十八年（公元75年）

[提要] 西域攻没都护陈睦，北匈奴围戊校尉关宠，车师叛，与匈奴共围耿恭。诏酒泉太守段彭将兵救之。

[乾道壬辰本] 西域攻没都护陈睦，北匈奴围己校尉关宠，车师叛，与匈奴共围耿恭。诏酒泉太守段彭将兵救之。

[纲目] 西域攻没都护陈睦，北匈奴围己校尉关宠，车师叛，与匈奴共围耿恭。诏酒泉太守段彭将兵救之。

按，《资治通鉴》（卷四十五）（中华书局点校本 第1466页）作："以陈睦为都护，司马耿恭为戊校尉，屯后王部金蒲城，谒者关宠为己校尉，屯前王部柳中城。"

《纲目》此处修正了《提要》史实之误。

卷十

1. 戊寅　汉章皇帝建初三年（公元78年）

[提要] 夏，四月，罢虖沱、石臼河。

[乾道壬辰本] 夏，四月，罢虖沱、石臼河。

[纲目] 夏，四月，罢治虖沱、石臼河。

按，《后汉书》（卷三）（中华书局点校本 第136页）作："夏四月己巳，罢常山呼沲石臼河槽。"《资治通鉴》（卷四十六）（中华书局点校本 第1483页）作："初，显宗之世，治虖沱、石臼河，……夏，四月，己巳，诏罢其役。"

《纲目》加"治"字，说明罢的是河役，文从字顺。

2. 丁亥　汉章皇帝章和元年（公元87年）

[提要] 八月，日食。

［**乾道壬辰本**］八月，日食。

［**纲目**］八月，晦，日食。

按，《朱子全书》本同《提要》。考《后汉书》（卷三）（中华书局点校本 第158页）作："八月乙未晦，日有食之。"《资治通鉴》（卷四十七）（中华书局点校本 第1510页）作："八月，乙未晦，幸沛。日有食之。"

《纲目》日食皆书"晦"，修改后体例一致。

3. 丙午　汉殇皇帝延平元年（公元106年）

［**提要**］夏，四月，罢祀官不在祀典者。

［**乾道壬辰本**］夏，四月，罢祀官不在礼典者。

［**纲目**］夏，四月，罢祀官不在礼典者。

按，考《后汉书》（卷三）（中华书局点校本 第196页）作"罢祀官不在祀典者"。

《纲目续麟》认为当从《提要》作"祀"，"不在祀典盖祀者礼之一端，礼者祀之统名，称祀典则非，非礼可知，称礼典则与祀官不切"。

卷十一

1. 乙亥　汉顺皇帝阳嘉四年（公元135年）

［**提要**］春，二月，初听中官得养子袭爵。

［**乾道壬辰本**］春，二月，初听中官得以养子袭爵。

［**纲目**］春，二月，初听中官得以养子袭爵。

按，考《后汉书》（卷六）（中华书局点校本 第264页）作："四年春二月丙子，初听中官得以养子为后，世袭封爵。"《资治通鉴》（卷五十二）（中华书局点校本 第1676页）作："二月，丙子，初听中官得以养子袭爵。"

《纲目》增加一字，表达更为清晰流畅。

2. 甲申　汉顺皇帝建康元年（公元144年）

[**提要**] 立子炳为皇太子。

[**乾道壬辰本**] 立子炳为皇太子。

[**纲目**] 立皇子炳为太子。

按，《朱子全书》本同《提要》。考《后汉书》（卷六）（中华书局点校本第274页）作："立皇子炳为皇太子。"《凡例·尊立例》曰："立太子，曰立子某为皇太子。非正统者去皇号。"《资治通鉴》（卷五十二）（中华书局点校本第1698页）作："立皇子炳为太子。"

此处为正统立太子，"皇"字疑漏，合从《提要》。

3. 辛卯　汉桓皇帝元嘉元年（公元151年）

[**提要**] 诏加大将军冀殊礼，增封赐第。

[**乾道壬辰本**] 诏加大将军冀殊礼，增封赐第。

[**纲目**] 诏加大将军冀殊礼，增封四县，赐以甲第。

按，《朱子全书》本同《提要》。《后汉书·梁统列传》（卷三十四）（中华书局点校本 第1183页）作："悉以定陶、阳成余户增封为四县，比邓禹，赏赐金钱、奴婢、彩帛、车马、衣服、甲第，比霍光；以殊元勋。"《资治通鉴》（卷五十三）（中华书局点校本 第1726页）作："悉以定陶、阳成余户增封为四县，比邓禹，赏赐金钱、奴婢、彩帛、车马、衣服、甲第，比霍光；以殊元勋。"

后人对《纲目》的这条修订可资商榷。如《纲目续麟》认为：当从《提要》，既加殊礼，则增封赐第亦常事耳，虽不言四县，以甲可也，况冀犹以所奏礼薄耳不悦者乎。故当略之。

4. 戊戌　汉桓皇帝延熹元年（公元158年）

[**提要**] 秋，七月，太尉琼免。

[**乾道壬辰本**] 秋，七月，太尉琼免。

[**纲目**] 秋，七月，太尉黄琼免。

按，《朱子全书》本同《提要》。《后汉书 · 孝桓帝纪》（卷七）（中华书局点校本 第304页）作："秋，七月，甲子，太尉黄琼免。"《资治通鉴》（卷五十四）（中华书局点校本 第1739页）作："秋，七月，甲子，太尉黄琼免。"

5. 癸卯　汉桓皇帝延熹六年（公元163年）

［**提要**］冬，十月，帝校猎广成，遂至上林苑。

［**乾道壬辰本**］冬，十月，帝校猎广成，遂至上林苑。

［**纲目**］冬，十月，上校猎广成，遂至上林苑。

按，《朱子全书》本同《提要》。《后汉书 · 孝桓帝纪》（卷七）（中华书局点校本 第312页）作："冬十月丙辰，校猎广成，遂幸函谷关、上林苑。"《资治通鉴》（卷五十四）（中华书局点校本 第1765页）作："冬十月，丙辰，上校猎广成，遂幸函谷关、上林苑。"

另戊戌　汉桓帝延熹元年，有"冬十月，帝校猎广成，遂至上林苑"，本朝臣子敬称"上"，此处当是《纲目》沿袭《通鉴》之误，或《纲目》刊本传误。

卷十二

1. 丁未　汉桓皇帝永康元年（公元167年）

［**提要**］遣使迎解渎亭侯宏。

［**乾道壬辰本**］遣使迎解渎亭侯宏。

［**纲目**］遣使迎解渎亭侯宏诣京师。

按，《朱子全书》本同《提要》。《资治通鉴》（卷五十六）（中华书局点校本 第1101—1102页）有"议立嗣……奉迎宏，时年十二"。

同书类似的有：汉昭帝元平元年（74B.C）"迎昌邑望王诣长安"。《纲目续麟》认为"诣京师"三字可删，盖迎之者将之即位也，非徒诣京师也，曰"遣使迎解渎亭侯宏"则其辞迫，曰"诣京师"则缓矣，故从《提要》。

笔者认为后人此处修订是为了与《纲目》前面表述一致，从而在体例上达到一致。

2. 辛亥　汉灵帝建宁四年（公元171）

［**提要**］春，正月，帝冠。赦，唯党人不赦。

［**乾道壬辰本**］春，正月，帝冠。赦。

［**纲目**］春，正月，帝冠。赦。

按，考《后汉书》（卷八）（中华书局点校本 第332页）作："四年春正月甲子，帝加元服，大赦天下。赐公卿以下各有差，唯党人不赦。"《资治通鉴》（卷五十六）（中华书局点校本 第1825页）作："春，正月，甲子，帝加元服，赦天下，唯党人不赦。"

《纲目考异》认为:《纲目》一书，赦不悉书。自元帝以来，书永康赦以赦党人，书今年赦以惟党人不赦，书中平赦又以赦党人。则此处特书其用意在于著其独不赦党人，窃意当如《提要》，保留"唯党人不赦"五字。

3. 己巳　汉灵皇帝中平六年（公元189年）

［**提要**］秋，七月，大将军进召董卓将兵诣京师。太后诏罢诸宦官。八月，宦官张让等入宫杀进，劫太后及帝出至河上，司隶校尉袁绍捕宦官，悉诛之。帝还宫，以卓为司空。

［**乾道壬辰本**］秋，七月，大将军进召董卓将兵诣京师。太后诏罢诸宦官。八月，宦官张让等入宫杀进，劫太后、帝出至河上。司隶校尉袁绍捕宦官，悉诛之。帝还宫，以卓为司空。

［**纲目**］秋，七月，大将军进召董卓将兵诣京师。太后诏罢诸宦官。八月，宦官张让等入宫杀进，劫太后。帝出至河上。司隶校尉袁绍捕宦官，悉诛之。帝还宫，以卓为司空。

按，《后汉书·孝灵纪》（卷八）》（中华书局点校本 第358页）作："八月戊辰，中常侍张让、段珪等杀大将军何进，于是虎贲中郎将袁术烧东西宫，攻诸宦者。庚午，张让、段珪等劫少帝及陈留王幸北宫德阳殿。……辛未，司隶校尉袁绍勒兵收伪司隶校尉樊陵、河南尹许相及诸阉人，无少长皆斩之。

让、珪等复劫少帝。陈留王走小平津。……辛未还宫……并州牧董卓杀执金吾丁原。司空刘弘免，董卓自为司空。”《资治通鉴》（卷五十九）（中华书局点校本 第1901页）作：“因将太后、少帝及陈留王。劫省内官属，从复道走北宫。”

4. 己巳 汉灵皇帝中平六年（公元189年）

［**提要**］九月，袁绍奔冀州。卓废帝为弘农王，奉陈留王协即位，遂弑太后何氏。

［**乾道壬辰本**］九月，袁绍出奔冀州。卓废帝为弘农王，奉陈留王协即位，遂弑太后何氏。

［**纲目**］九月，袁绍出奔冀州。卓废帝为弘农王，奉陈留王协即位，遂弑太后何氏。

按，《后汉书》（卷七十四上）（中华书局点校本 第2374页）作：“（绍）县节于上东门，逃奔冀州。”《资治通鉴》（卷五十九）（中华书局点校本 第1904页）作：“绍县节于上东门，逃奔冀州。”

书出奔则说明董卓之强。《纲目续麟》认为：“出”字羡，直书奔冀州急辞也，书出则缓矣，《提要》可从。

5. 己巳 汉灵皇帝中平六年（公元189年）

［**提要**］除公卿子为郎。补宦者侍殿上。

［**乾道壬辰本**］除公卿子弟为郎。补宦者侍殿上。

［**纲目**］除公卿子弟为郎。补宦者侍殿上。

按，《后汉书·孝献纪》（卷九）（中华书局点校本 第367页）作：“赐公卿以下至黄门侍郎家一人为郎，以补宦者所领诸署，侍于殿上。”《资治通鉴》（卷五十九）（中华书局点校本 第1905页）作：“诏除公卿以下子弟为郎，补宦者之职，侍于殿上。”

《纲目》增加一字而表述较全面。

6. 己巳　汉灵皇帝中平六年（公元189年）

［**提要**］遣使祭陈蕃、窦武及诸党人，复其爵位。

［**乾道壬辰本**］遣使吊祭陈蕃、窦武及诸党人，复其爵位。

［**纲目**］遣使吊祭陈蕃、窦武及诸党人，复其爵位。

按，《后汉书·孝献纪》（卷九）（中华书局点校本 第368页）作："遣使吊祠故太傅陈蕃、大将军窦武等。"《资治通鉴》（卷五十九）（中华书局点校本 第1905页）作："董卓率诸公上书，追理陈蕃、窦武及诸党人，悉复其爵位，遣使吊祠，擢用其子孙。"

考字义，"吊祭"意为吊唁、祭奠，更能概括上述史实。

7. 庚午　汉献皇帝初平元年（公元190）

［**提要**］O卓奏免太尉琬、司徒彪，以王允为司徒。杀城门校尉伍琼、尚书周毖。

［**乾道壬辰本**］O卓奏免太尉琬、司徒彪，以王允为司徒。杀城门校尉伍琼、尚书周毖。

［**纲目**］卓奏免太尉琬、司徒彪，以王允为司徒。杀城门校尉伍琼、尚书周毖。

按，《朱子全书》本同《提要》。加圈子，表示与上面内容不相隶属。

8. 庚午　汉献皇帝初平元年（公元190年）

［**提要**］三月，卓迁都长安，烧洛阳宫庙，发诸陵。

［**乾道壬辰本**］三月，卓迁都长安，烧洛阳宫庙，发诸帝陵，车驾西迁。

［**纲目**］三月，卓迁都长安，烧洛阳宫庙，发诸帝陵，车驾西迁。

按，《后汉书》（卷九）（中华书局点校本 第369页）作："三月己巳，车驾入长安，幸未央宫。"《资治通鉴》（卷五十九）（中华书局点校本 第1912页）作："又使吕布发诸帝陵及公卿以下冢墓，收其珍宝。……三月，乙巳，车驾入长安。"

前面几条只是铺垫，而重要的是"车驾西迁"一事，所以《纲目》补充了这一重要事实。

9. 辛未　汉献皇帝初平二年（公元191年）

[提要] 刘焉杀汉中太守，断斜谷。

[乾道壬辰本] 刘焉杀汉中太守，断斜谷阁。

[纲目] 刘焉杀汉中太守，断斜谷阁。

按，《后汉书》(卷七十五)(中华书局点校本 第2432页)作："与别部司马张修将兵掩杀汉中太守苏固，断绝斜谷，杀使者。"《三国志·蜀书·刘二牧传》(卷三十一)(中华书局点校本 第867页)有："故焉遣鲁为督义司马，住汉中，断绝谷阁，杀害汉使。"《资治通鉴》(卷六十)(中华书局点校本 第1928页)作："刘焉……与合兵掩杀汉中太守苏固，断绝斜谷阁。"另《纲目》分注作："杀汉中太守、断斜谷阁。"疑斜谷即斜谷阁之省称。

卷十三

1. 丁丑　汉献皇帝建安二年（公元197年）

[提要] 秋，九月，曹操击袁术，破走之。

[乾道壬辰本] 秋，九月，曹操击袁术，破走之。

[纲目] 秋，九月，曹操击袁术，走破之。

按，《朱子全书》本同《提要》。考《三国志》(卷一)(中华书局点校本第15页)作："秋九月，术侵陈，公东征之。术闻公自来，弃军走，术走度淮。"《资治通鉴》(卷六十二)(中华书局点校本 第2000页)作："秋，九月，司空曹操东征袁术。术闻操来，弃军走，留其将桥蕤等于蕲阳以拒操；操击破蕤等，皆斩之。"

由上述史料知"破走之"更为贴切，当从《提要》。

2. 辛巳　汉献皇帝建安六年（公元201年）

[提要] 夏，四月，曹操击袁绍仓亭军，破之。

[乾道壬辰本] 夏，四月，曹操击袁绍仓亭军，破之。

[纲目] 夏，四月，曹操击袁绍仓亭，破之。

按,《朱子全书》本同《提要》。《三国志》(卷一)(中华书局点校本 第22页)作："六年夏四月，扬兵河上，击绍仓亭军，破之。"《资治通鉴》(卷七十)(中华书局点校本 第2041页)作："夏，四月，操扬兵河上，击袁绍仓亭军，破之。"《纲目》分注有："操乃扬兵河上击绍仓亭军，破之。"

由上述史料知当从《提要》作"仓亭军",《纲目》疑漏"军"字。

3. 癸未　汉献皇帝建安八年(公元203年)

[提要] 秋，八月，操击刘表。尚围谭于平原。冬，十月，操还军救却之。

[乾道壬辰本] 秋，八月，操击刘表。尚围谭于平原。冬，十月，操还军救却之。

[纲目] 秋，八月，操击刘表。尚围谭于平原。冬，十月，操还救却之。

按,《朱子全书》本同《提要》。"救却之"非操一人之力，当加"军"字,《纲目》疑漏"军"字。

卷十四

1. 己丑　汉献皇帝建安十四年(公元209年)

[提要] 建安十四年

[乾道壬辰本] 建安十四年

[纲目] 十四年

按,《朱子全书》本同《提要》。

依《纲目》体例，元年之前加书年号，则此处不必书。

2. 甲午　汉献皇帝建安十九年(公元214年)

[提要] 十九年，春，张鲁遣马超围祁山。将军夏侯渊击却之。

[乾道壬辰本] 十九年，春，张鲁遣马超围祈山。夏侯渊击却之。

[纲目] 十九年，春，张鲁遣马超围祈山。夏侯渊击却之。

按，《朱子全书》本同《提要》。

《纲目续麟》认为：渊始见也，宜书官，当从《提要》补“将军”二字。

3. 丙申　汉献帝建安二十一年（公元216年）

[提要] 二十一年，夏，四月，魏公操进爵为王，杀尚书崔琰。

[乾道壬辰本] 二十一年，夏，五月，魏公操进爵为王，操杀其尚书崔琰。

[纲目] 二十一年，夏，四月，魏公操进爵为王，操杀尚书崔琰。

按，《朱子全书》本“四月”作“五月”。《后汉书·孝献纪》（卷九）（中华书局点校本 第388页）作：“二十一年，夏四月甲午，曹操自进号魏王。”

《纲目续麟》（卷七）认为：不必更著“操”字，《提要》不再书操，良是。

4. 丁酉　汉献皇帝建安二十二年（公元217年）

[提要] 孙权遣陆逊讨丹阳山越，平之。

[乾道壬辰本] 权遣陆逊讨丹阳山越，平之。

[纲目] 权遣陆逊讨丹阳山越，平之。

按，本句之前有“孙权陆口守将鲁肃卒，权以吕蒙代之”，则本句顺其文意宜同《纲目》作“权”。后出之书《历代通鉴辑览》（卷二十七）同《提要》;《纲目续麟》（卷七）、《纲目续麟》（汇览卷上）、《管窥外编》（卷下）同《纲目》。

5. 庚子　汉献皇帝建安二十五年（公元220）

[提要] 二十五年

[乾道壬辰本] 延康元年

[纲目]（福建刻本）二十五年

[纲目]（紫阳书院刻本）延康元年

按，《朱子全书》本作“延康元年”。《凡例·改元例》注曰：“建安二十五年改元延康。”考之范史、陈志注文是汉号而《通鉴》所书则为曹丕称王时所改者。此处当从闽本及《提要》。此条明以后即已改正。如徐昭文《纲目考证序》作：“建安末年误书延康，今刊本已正之。”

6. 癸卯　汉后主禅建兴元年（公元223年）

[**提要**]（及紫阳书院刊本）三年。后主建兴元年。

[**乾道壬辰本**] 三年。后主禅建兴元年。

[**嘉定温陵本**] 三年。后主禅建兴元年。

[**纲目**] 后主建兴元年。

按，《朱子全书》本作：“三年。后主禅建兴元年。”《资治通鉴》（卷七十）（中华书局点校本 第2214页）作：“五月，太子禅即位，时年十七。尊皇后曰皇太后，大赦，改元建兴。”

《凡例·改元例》曰：凡中岁而改元，阙义理得失者以前为正而注所改于下。注文有“章武三年五月，后主即位改元建兴”。援此例，当从《提要》。

7. 癸卯　汉后主刘禅建兴元年（公元223年）

[**提要**] 春，魏师攻濡须，别将围江陵，皆不克。

[**乾道壬辰本**] 春，魏师攻濡须，别将围江陵，皆不克。

[**纲目**] 春，魏师攻濡须，别将围江陵，皆不克，引还。

按，《朱子全书》本同《提要》，《历代通鉴辑览》（卷二十八）同《纲目》。《纲目》加两字而补充史实。

8. 癸卯　汉后主刘禅建兴元年（公元223年）

[**提要**] 夏，四月。帝崩于永安。丞相亮受遗诏辅政。五月，太子禅即位，改元，尊皇后曰皇太后，封亮为武乡侯，领益州牧。

[**乾道壬辰本**] 夏，四月。帝崩于永安。丞相亮受遗诏辅政。五月，太子禅即位，改元，尊皇后曰皇太后，封亮为武乡侯，领益州牧。

[**纲目**] 夏，四月。帝崩于永安。丞相亮受遗诏辅政。五月，太子禅即位。尊皇后曰皇太后，封亮为武乡侯，领益州牧。

按,《朱子全书》本同《提要》。《三国志·蜀书·后主传》(卷三十三)(中华书局点校本 第893页)作:"(章武)三年夏四月,先主殂于永安宫。五月,后主袭位于成都,时年十七。尊皇后曰皇太后。大赦,改元。"

由上述材料知有"改元"一事,当从《提要》书"改元"。

9. 甲辰　汉后主刘禅建兴二年(公元224年)

[提要]秋,八月,魏主丕以舟师伐吴,临江而还。

[乾道壬辰本]秋,八月,魏主丕以舟师伐吴,临江而还。

[纲目]秋,八月,魏主丕以舟师击吴,临江而还。

按,《朱子全书》本同《提要》。《纲目》建兴三年,有"夏五月,魏主丕以舟师伐吴"。魏非正统,吴非其臣属,不当书"伐"。李述来在《读〈通鉴纲目〉条记》中认为:"列国自相攻耳,魏非正统也,不得书伐。"

卷十五

1. 戊午　汉后主延熙元年(公元238年)

[提要]延熙元年。春,正月,魏遣太尉司马懿伐辽东。

[乾道壬辰本]延熙元年。春,正月,魏遣太尉司马懿伐辽东。

[纲目]延熙元年。春,正月,魏遣太尉司马懿击辽东。

按,《朱子全书》本同《提要》。《三国志·魏志》(卷三)(中华书局点校本 第111页)作:"春正月,诏太尉司马宣王帅众讨辽东。"《资治通鉴》(卷七十四)(中华书局点校本 第2332页)作:"春,正月,帝召司马懿于长安。使将兵四万讨辽东。"

《纲目续麟》认为:当从《提要》作"伐"。虽僭国,然公孙渊既受魏封,则魏臣也,改元称王,与反何异?《纲目》恶魏故渊不书反,然既臣而叛,不可谓无罪,故魏得书"伐"。

2. 己巳　汉后主延熙十二年（公元249年）

［**提要**］魏司马懿自为丞相。加九锡，复辞不受。

［**乾道壬辰本**］魏司马懿自为丞相。加九锡，复辞不受。

［**纲目**］魏以司马懿为丞相。加九锡，不受。

按，《三国志·魏书》（卷四）（中华书局点校本 第123页）作："以太傅司马宣王为丞相，固让乃止。"《资治通鉴》（卷七十五）（中华书局点校本 第2381页）作："以太傅懿为丞相，加九锡；懿固辞不受。"

考《凡例·篡贼例》注云：董卓、曹操等自得其政，迁官建国，皆以自为自立书之。则此当从《提要》。

3. 己巳　汉后主延熙十二年（公元249年）

［**提要**］冬，十二月，魏即拜扬州都督王凌为太尉。

［**乾道壬辰本**］冬，十二月，魏即拜扬州都督王凌为太尉。

［**纲目**］冬，十二月，魏即拜王凌为太尉。

按，《朱子全书》本同《提要》。《三国志·魏书》（卷四）（中华书局点校本 第124页）作："冬十二月辛卯，以司空王凌为太尉。"《资治通鉴》（卷七十五）（中华书局点校本 第2385页）作："十二月，辛卯，即拜王凌为太尉。"疑后人依《通鉴》而改，没有考虑到《提要》书官名，是赞其贤。

4. 辛未　汉后主延熙十四年（公元251年）

［**提要**］秋，八月，魏太傅司马懿卒，其子师自为抚军大将军、录尚书事。

［**乾道壬辰本**］秋，八月，魏太傅司马懿卒，其子师自为抚军大将军、录尚书事。

［**纲目**］秋，八月，魏太傅司马懿卒，以其子师为抚军大将军、录尚书事。

按，《三国志·魏书》（卷四）（中华书局点校本 第124页）作："戊寅，太傅司马宣王薨，以卫将军司马景王为抚军大将军，录尚书事。"《资治通鉴》

（卷七十五）（中华书局点校本 第2391页）作："八月，戊寅，舞阳宣文侯司马懿卒。诏以其子卫将军师为抚军大将军，录尚书事。"

考《凡例·篡贼例》注云：董卓、曹操等自得其政，迁官建国，皆以自为自立书之。又，《纲目》延熹十八年书"师弟昭，自为大将军"，援此例则此处合从《提要》。

5. 壬申　汉后主延熙十五年（公元252年）

[提要] 十五年。春，正月，魏司马师自为大将军。

[乾道壬辰本] 十五年。春，正月，魏司马师自为大将军。

[纲目] 十五年。春，正月，魏以司马师为大将军。

按，《朱子全书》本同《提要》。《三国志·魏志》（卷四）（中华书局点校本 第125页）作："春正月癸卯，以抚军将军司马景王为大将军。"《资治通鉴》（卷七十五）（中华书局点校本 第2394页）作："春，正月，癸卯，以司马师为大将军。"

考《凡例·篡贼例》注云：董卓、曹操等自得其政，迁官建国，皆以自为自立书之。合从《提要》。

卷十六

1. 乙亥　汉后主延熙十八年（公元255年）

[提要] 魏大将军司马师卒。弟昭自为大将军，录尚书事。

[乾道壬辰本] 魏大将军司马师卒。二月，师弟昭自为大将军，录尚书事。

[纲目] 魏大将军司马师卒。二月，师弟昭自为大将军，录尚书事。

按，《三国志·魏书》（卷四）（中华书局点校本 第133页）作："司马景王薨于许昌，二月丁巳，以卫将军司马文王为大将军，录尚书事。"《资治通鉴》（卷七十六）（中华书局点校本 第2425页）作："二月，丁巳，诏以司马昭为大将军，录尚书事。"

《纲目续麟》认为：去“二月师”三字，见兄死弟继，他人不得而间。笔者同意这一观点。

2. 丁丑　汉后主延熙二十年（公元257年）

[提要] 魏扬州都督诸葛诞起兵讨司马昭。六月，昭以其主髦攻之，吴人救之，不克而还。

[乾道壬辰本] 魏扬州都督诸葛诞起兵讨司马昭。六月，昭以其主髦攻之，吴人救之，不克而还。

[纲目] 魏扬州都督诸葛诞起兵讨司马昭。六月，昭奉其主髦攻之，吴人救之，不克而还。

按，《朱子全书》本同《提要》。《资治通鉴》（卷七十七）（中华书局点校本 第2437页）作“司马昭奉帝及太后讨诸葛诞”。

《纲目续麟》从字义上区别，认为：当从《纲目》作“奉”，奉非尊主之辞，所谓挟天子以令之，其心可诛也。春秋之义以弱假强而能左右之曰“以”，昭之攻诞恃有诸军，何假于髦，是知《纲目》书“奉”所以诛昭之心而不曰“以”者，昭固不恃髦。髦亦不足为昭重也。

3. 癸未　汉后主炎兴元年（公元263年）

[提要] 炎兴元年。魏景元四年、吴永安六年。

[乾道壬辰本] 炎兴元年。魏景元四年、吴永安六年

O是岁汉亡。

[纲目] 炎兴元年。魏景元四年、吴永安六年

O是岁汉亡。

按，考其体例，正统灭亡皆书，汉亡为此年大事，当书。《纲目续麟》认为：分注“是岁汉亡”，明前此汉犹未亡也，所以绍昭烈于高光也，《提要》不书非是。

4. 戊子　晋武皇帝泰始四年（公元268年）

[提要] 晋立考课法，不果行。

[**乾道壬辰本**] 晋主考课法，不果行。

[**纲目**] 晋诏立考课法，不果行。

按，《朱子全书》本作："晋主考课法，不果行。"《晋书·帝纪第三》（卷三）（中华书局点校本 第57页）作："诏曰：郡国守相，三载一巡行属县，……于戏戒哉！"《资治通鉴·卷七十九》（中华书局点校本 第2505页）作："诏河南尹杜预为黜陟之课，预奏……事竟不行。"

5. 辛卯 晋武皇帝泰始七年（公元271年）

[**提要**] 吴大举兵游华里，不至而还。

[**乾道壬辰本**] 吴大举兵游华里，不至而还。

[**纲目**] 吴主大举兵游华里，不至而还。

按，据《朱子全书》本卷校勘记（七），知《朱子全书》所据底本同《提要》。《三国志·吴书》（卷四十八）（中华书局点校本 第1168页）作："春正月晦，皓举大众出华里，皓母及妃皆行，东观令华覈等固争，乃还。"《资治通鉴》（卷七十九）（中华书局点校本 第2514页）作："吴主信之。是月晦，大举兵出华里，……吴主闻之，乃还。"

6. 己亥 晋武皇帝咸宁五年（公元279年）

[**提要**] 晋诏议省吏员。

[**乾道壬辰本**] 晋诏议省吏员。

[**纲目**] 晋诏议省员吏

按，《朱子全书》本同提要。

卷十七

1. 戊申 晋武皇帝太康九年（公元288年）

[**提要**] 大旱。

[**乾道壬辰本**] 大旱。

[纲目]旱。

按,《朱子全书》本同《提要》。《晋书》(卷三)(中华书局点校本 第78页)作:"郡国三十二大旱。"《资治通鉴》(卷八十一)(中华书局点校本 第2592页)作:"郡国三十三大旱。"

《纲目续麟》认为:是年春正月朔日食,夏六月朔日食,秋八月星陨如雨、地震。一年之内天变若此,则阴阳之不和必有大甚者,故当书"大"以甚之。《纲目》仅书旱,非是。

2. 辛亥 晋惠皇帝元康元年(公元291年)

[提要]以贾模、张华、裴頠为侍中,并管机要。

[乾道壬辰本]以贾模、张华、裴頠、裴楷为侍中,并管机要。

[纲目]以贾模、张华、裴頠、裴楷为侍中,并管机要。

按,《资治通鉴》(卷八十二)(中华书局点校本 第2612页)作:"以贾模为散骑常侍,加侍中。……以华为侍中、中书监,頠为侍中,又以安南将军裴楷为中书令,加侍中,与右仆射王戎并管机要。"《纲目》分注有:"贾后专朝,以横为散骑常侍加侍中……以华为侍中、中书监裴楷为中书令加侍中,与右仆射王戎并管机要。"

《纲目续麟》认为:《凡例》云正统命官,宰相悉书,余官非有故不书,此云华与模、頠同心辅政,九年模卒,注云頠与华、模谋废后更立谢淑妃,赵王伦杀贾后,独执华、頠等杀之而不及裴楷,是知楷虽为侍中,而执政与谋则在模等。虽不书可也。据分注当从《提要》。

3. 乙卯 晋惠皇帝元康五年(公元295年)

[提要]五年。夏,六月。雨雹。大水。

[乾道壬辰本]五年。夏,六月。雨雹。大水。

[纲目]五年。夏,六月。东海雨雹,荆、扬、兖、豫、青、徐州大水。

按,《朱子全书》本同《提要》。《资治通鉴》(卷八十二)(中华书局点校本 第2614页)作:"夏,六月。东海雨雹,深五寸。荆、扬、兖、豫、青、徐六州大水。”

据《纲目》晋惠帝元康八年有“秋九月，荆、豫、徐、扬、冀州大水”，书地，此处不书。《纲目续麟》认为：《提要》作“雨雹大水”，盖不数州郡者，天下之意也。以贾后之乱如此，虽无雨雹大水，其变已甚，况六州半天下乎？故当以天下之辞书之。

4. 辛酉　晋惠皇帝永宁元年（公元301年）

[**提要**] 夏，四月，成都王颖击败伦兵于溴水，帅师济河。左卫将军王与等迎帝复立，伦伏诛。

[**乾道壬辰本**] 夏，四月，成都王颖击败伦兵于溴水，左卫将军王与等迎帝复位，伦伏诛。

[**《朱子全书》本**] 夏，四月，成都王颖击败伦兵于溴水，左卫将军王与等迎帝复位，伦伏诛。

[**纲目**] 夏，四月，成都王颖击败伦兵，帅师济河。左卫将军王与等迎帝复立，伦伏诛。

按，《晋书·惠帝纪》（卷四）（中华书局点校本 第97页）作：“伦遣其将闾和出伊阙，张泓、孙辅出堮坂以距冏，孙会、士猗、许超出黄桥以距颖。及颖将赵骧、石超战于溴水，会等大败，弃军走。”

《纲目续麟》认为：当蒙上文直书败伦兵于溴水。

5. 壬戌　晋惠皇帝太安元年（公元302年）

[**提要**] 曹奂卒。

[**乾道壬辰本**] 陈留王曹奂卒。

[**纲目**] 陈留王曹奂卒。晋人葬之，谥曰魏元皇帝。

按，《资治通鉴》（卷八十四）（中华书局点校本 第2675页）作：“陈留王曹奂薨。谥曰魏元皇帝。”

《凡例》曰：“凡正统之君废为王公而死者书卒。”书晋人则是存其厚，苟有礼于先代，必以国书之。《纲目》上文魏葬汉献不书谥，此处书谥更是着重表扬晋人所为。《纲目续麟》认为：不书陈留王，不与晋之废也，不书故魏主奂，为弑君者所立而不能讨贼，亦不足以君魏，故从常人例。《凡例》常人不爵不谥，书曰“曹奂卒”以为一匹夫而已矣。

6. 壬戌　晋惠皇帝太安元年（公元302年）

[提要] O鲜卑宇文部围棘城，慕容廆击破之。

[乾道壬辰本] 鲜卑宇文部围棘城，慕容廆击破之。

[纲目] 鲜卑宇文部围棘城，慕容廆击破之。

按，《朱子全书》本同《提要》。《纲目》一年涉及数事者遂用O相隔以示区别。

7. 甲子　晋惠皇帝永兴元年（公元304年）

[提要] 秋，七月，东海王越奉帝征颖，复皇后、太子，颖遣兵拒战荡阴，侍中嵇绍死之。颖遂以帝入邺，越走归国。

[乾道壬辰本] 秋，七月，东海王越奉帝征颖，复皇后、太子，颖遣兵拒战荡阴，侍中嵇绍死之。颖遂以帝入邺，越走归国。

[纲目] 秋，七月，东海王越奉帝征颖，复皇后、太子，颖遣兵拒战荡阴，侍中嵇绍死之。帝遂入邺，越走归国。

按，《朱子全书》本同《提要》。《晋书·惠帝纪》（卷四）（中华书局点校本 第102页）作：“秋七月丙申朔，右卫将军陈眕以诏召百僚入殿中，因勒兵讨成都王颖。戊戌，大赦，复皇后羊氏及太子覃。己亥，司徒王戎、东海王越……等奉帝北征。至安阳，众十余万，颖遣其将石超距战。己未，六军败绩于荡阴，矢及乘舆，百官分散，侍中嵇绍死之。……帝遂幸超军，……超遣弟熙奉帝之邺，颖帅群官迎谒道左。”

《纲目续麟》认为：当从《提要》加“颖”“以”二字。邺非帝都，其入也由颖迎之，惟书以帝入邺，则颖跋扈之状自见而越走归之故亦明矣。如《纲目》所书，帝方入邺，若无难者，越何以始奉帝而卒走耶。

8. 甲子　晋惠皇帝永兴元年（公元304年）

［**提要**］幽、并州兵至邺，颖以帝还洛阳，浚大掠邺中而还。

［**乾道壬辰本**］幽、并州兵至邺，颖以帝还洛阳，浚大掠邺中而还。

［**纲目**］幽、并兵至邺，颖奉帝还洛阳，浚大掠邺中而还。

按，《朱子全书》本同《提要》。《晋书·惠帝纪》（卷四）（中华书局点校本 第103页）作："安北将军王浚遣乌丸骑攻成都王颖于邺，大败之。颖与帝单车走洛阳。"

卷十八

1. 丁卯　晋怀皇帝永嘉元年（公元307年）

［**提要**］以南阳王模督秦、雍军事。

［**乾道壬辰本**］以南阳王模都督秦、雍等州军事。

［**纲目**］以南阳王模都督秦、雍等州军事。

按，《朱子全书》本同《提要》。考《晋书》（卷五）（中华书局点校本 第116页）作："以征南将军、南阳王模为征西大将军，都督秦、雍、梁、益四州诸军事。"《资治通鉴》（卷八十六）（中华书局点校本 第2728页）作："南阳王模为征西大将军，都督秦、雍、梁、益诸军事。"

《纲目续麟》认为：模所督乃秦、雍、梁、益四州军事也，《纲目》当书都督秦、雍、梁、益诸军事，《提要》既无"等州"二字，又不言梁、益，则时二州矣，并非。笔者同意这一观点。

2. 庚午　晋怀皇帝永嘉四年（公元310年）

［**提要**］琅邪王睿以周玘为义兴太守。

［**乾道壬辰本**］琅邪王睿以周玘为义兴太守。

［**纲目**］琅邪王睿以周玘为吴兴太守。

按，《朱子全书》本同《提要》。考《晋书》（卷五十八）（中华书局点校

本 第1572页）作："玘三定江南，开复王略，帝嘉其勋，以玘行建威将军、吴兴太守，封乌程侯。"《资治通鉴》（卷八十七）（中华书局点校本 第2748页）作："玘三定江南，睿以周玘为吴兴太守，于其乡里置义兴郡以旌之。"究其致误原因，《纲目》分注有"琅邪王睿以为吴兴太守，于其乡里置义兴郡以旌之"之句，盖原因在此。

3. 癸酉 晋愍皇帝建兴元年（公元313年）

[提要] 孝愍皇帝业建兴元年

[乾道壬辰本] 孝愍皇帝业建兴元年

[纲目] 孝愍皇帝建兴元年

按,《朱子全书》本同《提要》。《凡例·岁年例》，正统即位，在今年内者，当大书君名。则此处当从《提要》。

4. 癸酉 晋愍皇帝建兴元年（公元313年）

[提要] 汉寇长安，仆射麴允拒却之。

[乾道壬辰本] 汉寇长安，仆射麴允拒之。

[纲目] 汉寇长安，仆射麴允拒之。

按，考《晋书》（卷八十九）（中华书局点校本 第2307页）作："时……数万众逼长安，允击破之，擒凯于阵。"《资治通鉴》（卷八十八）（中华书局点校本 第2794页）作："汉中山王曜，司隶校尉乔智明寇长安，平西将军赵染帅众赴之，诏麴允屯黄白城以拒之。"

"拒之"为动作，"拒却之"为结果。

5. 乙亥 晋愍皇帝建兴三年（公元315年）

[提要] 荆州吏杜曾举兵拒陶侃。王敦徙侃为广州刺史。

[乾道壬辰本] 荆州吏杜曾举兵拒陶侃。王敦徙侃为广州刺史。

[纲目] 王敦徙陶侃为广州刺史。

按,《朱子全书》本同《提要》。

《纲目续麟》认为：此条《提要》误，分注敦徙侃刺广州为嬖人钱凤之谮，非为曾拒也，若上书拒，下书徙，则敦此举乃所以全侃，非其实矣，特书敦徙，所以罪敦也，况曾实拒廙，尤其拒侃者乎？

6. 丁丑　晋元皇帝建武元年（公元317年）

[**提要**] 中宗元皇帝睿建武元年

[**乾道壬辰本**] 中宗元皇帝睿建武元年

[**纲目**] 中宗元皇帝建武元年

按，《朱子全书》本同《提要》。《凡例·岁年例》曰：凡正统，朱书国号、谥号、君名、年号。又君名下注曰：即位在今年内者用之，则此当依《提要》。《纲目续麟》认为：当分注晋元帝睿建武元年。

卷十九

1. 己卯　晋元皇帝太兴二年（公元319年）

[**提要**] 尊琅邪恭王为皇考，既而罢之。

[**乾道壬辰本**] 尊琅邪恭王为皇考，既而罢之。

[**纲目**] 诏琅邪恭王为皇考，既而罢之。

按，《朱子全书》本同《提要》。上图藏宋刻本（存卷19、卷56）同《纲目》。《资治通鉴》（卷九十一）（中华书局点校本 第2867页）作"诏琅邪恭王宜称皇考"。

《凡例》作："凡正统尊立皆书尊。曰：尊某为某。"又《纲目考异》认为：据汉绥和二年书追尊定陶共皇，则此当书尊。《纲目续麟》认为："诏"与"尊"异，"尊"者已然之辞，"诏"则方有其命耳，下书既而罢之，是未尝实尊之也，不得预定陶比。

2. 庚辰　晋元皇帝太兴三年（公元320年）

[**提要**] 夏，五月，上邽诸将杀晋王保。保故将陈安降赵。

[**乾道壬辰本**] 夏，五月，上邽诸将杀晋王保。保故将陈安降赵。

[纲目]夏，五月，上邽诸将杀晋王保。保故将陈安降汉以讨贼，杀之。

按,《朱子全书》本同《提要》。上图藏宋刻本（存卷19、卷56）同《纲目》。《晋书·元帝纪》（卷六）（中华书局点校本 第153页）作：“是月（五月）晋王保为其将张春所害。刘曜使陈安攻春，灭之，安因叛曜。”《资治通鉴》（卷九十一）（中华书局点校本 第2878页）作：“陈安表于赵主曜，请讨瞻等。曜以安为大将军，击瞻，杀之。”

据《纲目》太兴二年，“汉改号赵”，则此处误书汉，当从《提要》。

3. 辛巳　晋元皇帝太兴四年（公元321年）

[提要]秋，七月，以戴渊都督司、豫，刘隗都督青、冀诸军事；王导为司空，录尚书事。

[乾道壬辰本]秋，七月，以戴渊都督司、豫，刘隗都督青、冀诸军事；王导为司空，录尚书事。

[纲目]秋，七月，以戴渊都督司、豫，刘隗都督青、徐诸军事；王导为司空，录尚书事。

按,《朱子全书》本同《提要》。《晋书·元帝纪》（卷六）（中华书局点校本 第154页）作：“秋，七月，大水。甲戌，以上疏戴若思为征西将军、都督司、兖、豫、并、冀、雍六州诸军事、司州刺史，镇合肥；丹阳尹刘隗为镇北将军，都督青、徐、幽、平四州诸军事、青州刺史，镇淮阴。壬午，以骠骑将军王导为司空。”《晋书》（卷六十九）（中华书局点校本 第1837页）作：“拜（刘隗）镇北将军，都督青、徐、幽、平四州军事、假节。”《资治通鉴》（卷九十一）（中华书局点校本 第2888页）作：“以尚书仆射戴渊为征西将军，都督司、兖、豫、并、雍、冀六州诸军事。丹阳尹刘隗为镇北将军，都督青、徐、幽、平四州军事。”《提要》当是涉前而误。

4. 戊子　晋成皇帝咸和三年（公元328年）

[提要]九月，陶侃温峤讨峻，斩之。峻弟逸代领其众。

[乾道壬辰本]九月，陶侃温峤讨峻，斩之。峻弟逸代领其众。

[**纲目**] 九月，陶侃温峤讨峻于石头，斩之。峻弟逸代领其众。

按，《朱子全书》本同《提要》。《晋书》(卷七)(中华书局点校本 第173页)作："九月戊申，司徒王导奔于白石。庚午，陶侃使督护杨谦攻峻于石头。温峤、庾亮阵于白石，竟陵太守李阳拒贼南偏。峻轻骑出战，堕马，众遂大溃。贼党复立峻弟逸为帅。"

卷二十

1. 庚子　晋成皇帝咸康六年（公元340年）

[**提要**] 六年。春，正月，司空庾亮卒。以何充为中书令，庾翼都督江、荆等州军事。

[**乾道壬辰本**] 六年。春，正月，司空庾亮卒。以何充为中书令，庾翼都督江、荆等州军事。

[**纲目**] 六年。春，正月，司空庾亮卒。以何充为中书令，庾翼都督江、荆等军州事。

按，《朱子全书》本同《提要》。考《晋书·庾翼传》(中华书局点校本 第1932页)作"都督江、荆、司、雍、梁、益六州诸军事"。《资治通鉴》(卷九十六)(中华书局点校本 第3036页)作："以南郡太守庾翼为都督江、荆、司、雍、梁、益六州诸军事。"

据上述史料知都督不止两州，则此处当从《提要》。《纲目》此处"州军"误为"军州"。

2. 癸卯　晋康皇帝建元元年（公元343年）

[**提要**] 庾翼移镇襄阳。诏以翼都督征讨军事，庾冰都督荆、江军事；征何充为扬州刺史，录尚书事。

[**乾道壬辰本**] 庾翼移镇襄阳。诏以翼都督征讨军事，庾冰都督荆、江军事；征何充为扬州刺史，录尚书事。

[**纲目**] 庾翼移镇襄阳。诏以翼都督征讨军事，庾冰都督荆、江等州军

事；征何充为扬州刺史，录尚书事。

按，考《晋书》（卷七）（中华书局点校本 第186页）作："冬十月辛巳，以车骑将军庾冰都督荆、江、司、雍、益、梁六州诸军事。"《资治通鉴》（卷九十七）（中华书局点校本 第3056页）作："以冰都督荆、江、宁、益、梁、交、广七州，豫州之四郡诸军事。"

《纲目续麟》认为："等州"二字不可省，盖庾冰所督乃荆、江、司、雍、梁、益六州也，不称等，则疑于二州矣，《提要》非是。

据上述史料知都督当不止两州，宜从《纲目》加"等州"两字。

3. 庚戌　晋穆皇帝永和六年（公元350年）

[**提要**] 六年。春，闰正月，赵石闵弑鉴而自立，改国号魏。

[**乾道壬辰本**] 六年。春，闰正月，赵石闵弑鉴而自立，改国号魏。

[**纲目**] 六年。春，闰正月，赵石闵杀鉴而自立，改国号魏。

按，《朱子全书》本同《提要》。《晋书》（卷八）（中华书局点校本 第196页）作："六年春闰（正）月，冉闵弑石鉴，僭称天王，国号魏。"《资治通鉴》（卷九十八）（中华书局点校本 第3101页）作："闰月，卫主鉴密遣宦者赍书召张沈等使乘虚袭邺。宦者以告闵、农，闵、农弛还，废鉴，杀之。"

《纲目》上文已书"幽其主鉴"，此处不作"弑"是《纲目》认为同为篡贼，贼杀贼而已。此《纲目》之权衡。《纲目续麟》认为：当从《提要》书弑其主。《书法》附会《纲目》，非是。推鉴即位者闵也，故鉴虽弑君，《纲目》必书主，所以正闵之罪也。

4. 庚戌　晋穆皇帝永和六年（公元350年）

[**提要**] 以殷浩督扬、豫等州军事。

[**乾道壬辰本**] 以殷浩督扬、豫等州军事。

[**纲目**] 以殷浩督扬、豫等州。

按，《朱子全书》本同《提要》。考《晋书》（卷八）（中华书局点校本 第196页）作："己丑，加中书将军殷浩督扬、豫、徐、兖、青五州诸军事。"《资治通鉴》(卷九十八)(中华书局点校本 第3102页)作："以扬州刺史殷浩为中军将军、假节、都督扬、豫、徐、兖、青五州诸军事。"

《纲目》类似表述还有：晋哀帝兴宁二年"大司马温移镇姑孰，以弟豁监荆、扬等州军事"；晋帝奕太和三年"秋九月，以郄愔都督徐、兖等州军事"；晋武帝宁康元年"秋七月，大司马温卒，以桓、冲都督扬、豫、江州军事"；晋武帝宁康二年"春二月，以王坦之都督徐、兖等州军事"；同年"冬十月，以桓冲都督江、荆等州军事"。据上述史料"军事"二字不当省，当从《提要》。

5. 辛亥　晋穆皇帝永和七年(公元351年)

[提要] 七年。赵永宁二年、魏永兴二年。

O秦高祖苻健皇始元年。

O是岁赵亡，旧大国一、凉、代、燕小国三，新大国一，凡五僭国。

[乾道壬辰本] 七年。赵永宁二年、魏永兴二年。

O秦高祖苻健皇始元年。

O是岁赵亡，旧大国一、凉、代、燕小国三，新大国一，凡五僭国。

[纲目] 七年。赵永宁二年、魏永兴二年。

O秦主苻健皇始元年。

O是岁赵亡，旧大国一、凉、代、燕小国三，新大国一，凡五僭国。

按,《朱子全书》本同《提要》。

6. 辛亥　晋穆皇帝永和七年(公元351年)

[提要] 三月，魏主闵及赵、燕、姚襄之兵战，魏兵败绩。

[乾道壬辰本] 二月，魏主闵围赵主祗于襄国，姚弋仲及燕王隽遣兵救之，魏兵败绩。

[**纲目**] 三月，魏主闵及赵、燕、姚襄之兵战，败绩。

按，《晋书·载记第七》(卷一百七)(中华书局点校本 第2795页)作："(闵)于是尽众出战。姚襄、悦绾、石琨等三面攻之，袛冲其后，闵师大败。"《资治通鉴》(卷九十九)(中华书局点校本 第3114页)作："三月，姚襄及赵汝阴王琨各引兵救襄国。冉闵遣军骑将军胡睦拒襄于长芦。皆败还，士卒略尽。"

《纲目续麟·卷九》认为：上书"及"则魏为主也，主客已明，"魏兵"二字可省。

7. 壬子　晋穆皇帝永和八年(公元352年)

[**提要**] 八年。魏永兴三、秦皇始二年。

O燕列祖慕容儁元玺元年。

O是岁魏亡。大二、小二，凡四僭国。

[**乾道壬辰本**] 八年。魏永兴三、秦皇始二年。

O燕列祖慕容儁元玺元年。

O是岁魏亡。大二、小二，凡四僭国。

[**纲目**] 八年。魏永兴三、秦皇始二年。

O燕主慕容儁元玺元年。

O是岁魏亡。大二、小二，凡四僭国。

按，《朱子全书》本同《提要》。

8. 丙辰　晋穆皇帝永和十二年(公元356年)

[**提要**] 秋，八月，桓温败姚襄于伊水，遂入洛阳，复谒诸陵，置戍而还。

[**乾道壬辰本**] 秋，八月，桓温败姚襄于伊水，遂入洛阳，修复诸陵，置戍而还。

[**《朱子全书》本**] 秋，八月，桓温败姚襄于伊水，遂入洛阳，修复诸陵，置戍而还。

[纲目] 秋，八月，桓温败姚襄于伊水，遂入洛阳，修谒诸陵，置戍而还。

按，《资治通鉴》（卷一百）（中华书局点校本 第3157页）作：“八月，己丑，谒诸陵，有毁坏者修复之，各置陵令。”

“修”字可见自中原沦陷诸陵废祀之状，今温进军讨伐，遂能入洛修谒，“复”字则无以表达这重意义。分注有“谒诸陵”“修毁坏”，明属二事，以“修谒”两字概括较好。

9. 丁巳　晋穆皇帝升平元年（公元357年）

[提要] 升平元年。秦世祖苻坚永兴元、燕光寿元年。

[乾道壬辰本] 升平元年。秦世祖苻坚永兴元、燕光寿元年。

[纲目] 升平元年。秦主苻坚永兴元、燕光寿元年。

按，《朱子全书》本同《提要》。

卷二十一

1. 乙丑　晋哀帝兴宁三年（公元365年）

[提要] 秋，七月，徙会稽王昱为琅邪王。

[乾道壬辰本] 秋，七月，徙会稽王昱为琅邪王。

[纲目] 秋，七月，会稽王昱为琅邪王。

按，《朱子全书》本同《提要》。《晋书》（卷九）（中华书局点校本 第220页）有“废帝即位，以琅邪王绝嗣，复徙封琅邪”。《资治通鉴》（卷一百一）（中华书局点校本 第3200页）作：“秋，七月，己酉，徙会稽王昱复为琅邪王。”

由上述史料，知“徙”字不当省，此处当从《提要》。

2. 辛未　晋简文帝咸安元年（公元371年）

[提要] 太宗简文皇帝昱咸安元年。

[**乾道壬辰本**] 太宗简文皇帝昱咸安元年。

[**纲目**] 太宗简文皇帝咸安元年。

按,《凡例·岁年例·君名》条，注曰：即位在今年内者用之，则此当大书昱字。然《凡例·改元例》曰：凡中岁改元关于义理得失者以前为正而注所改于下。据此年十一月桓温废帝奕立简文，则此当大书“六年”，分注“太宗简文皇帝昱咸安二年”。

3. 壬午　晋孝武帝太元七年（公元382年）

[**提要**] 秋，八月，秦以裴元略为巴西、梓潼太守。

[**乾道壬辰本**] 秋，八月，秦以裴元略为巴西、梓潼太守。

[**纲目**] 八月，秦以裴元略为巴西、梓潼太守。

按,《朱子全书》本同《提要》。《晋书·载记第十四》（卷一百十四）（中华书局点校本 第2911页）作：“以谏议大夫裴元略为陵江将军、西夷校尉、巴西梓潼二郡太守。”《资治通鉴》（卷一百四）（中华书局点校本 第3300页）作：“秋，八月，……秦王坚以谏议大夫裴元略为巴西、梓潼二郡太守。”

卷二十二

1. 乙酉　晋孝武帝太元十年（公元385年）

[**提要**] 十年。秦哀平帝苻丕大安元、燕二、后秦白雀二年。

O西燕主慕容冲更始元年。

O西秦王乞伏国仁建义元年。

O旧大国三、新大国一，凡五僭国。

[**乾道壬辰本**] 十年。秦哀平帝苻丕大安元、燕二、后秦白雀二年。

O西燕主慕容冲更始元年。

O西秦王乞伏国仁建义元年。

O旧大国三、新大国一，凡五僭国。

[**纲目**] 十年。秦王苻丕大安元、燕二、后秦白雀二年。

O西燕主慕容冲更始元年。

O西秦王乞伏国仁建义元年。

O旧大国三、新大国一，凡五僭国。

按，《纲目》前后较为统一。

2. 乙西　晋孝武帝太元十年（公元385年）

[**提要**] 燕遣慕容和守邺。

[**乾道壬辰本**] 燕遣慕容和守邺。

[**纲目**] 燕遣南中郎将慕容和守邺。

按，《资治通鉴》（卷一百六）（中华书局点校本 第3349页）作："燕王垂以鲁王和为南中郎将，镇邺。"《河南通志》（卷三十）"慕容和"条下，注曰"以南中郎将镇邺"。

《纲目续麟》认为：据上慕容麟皆书官，则此当从纲目，《提要》疑漏。

3. 乙西　晋孝武帝太元十年（公元385年）

[**提要**] 冬，十一月，燕以慕容农，守龙城。

[**乾道壬辰本**] 冬，十一月，燕以慕容农，守龙城。

[**纲目**] 冬，十一月，燕以慕容农为幽州牧，守龙城。

按，《资治通鉴》（卷一百六）（中华书局点校本 第3356页）作："燕王垂以农为使持节、都督幽平二州，北狄诸军事、幽州牧，镇龙城。"

《纲目续麟》认为：当从《纲目》书为幽州牧，分注农清刑狱、省赋役、劝农桑，居民富赡，四方流民至者数万，则良牧也，故当特书。且下书守龙城，亦因事见官之义，《提要》略之，非是。

4. 丙戌　晋孝武皇帝太元十一年（公元386年）

[**提要**] 秋，八月，秦苻登起兵南安。

[**乾道壬辰本**] 秋，八月，秦苻登起兵南安。

[**纲目**] 秋，八月，秦以苻登为南安王。

按，《资治通鉴》（卷一百六）（中华书局点校本 第3368页）作："秦主丕以苻登为征西大将军、开府仪同三司、南安王。”

《纲目续麟》认为：当从《提要》书起兵南安。据分注，封王非丕意也，特为诸氐所推，因而命之耳，书起兵南安，所以为称帝之本也。如《纲目》所书，若出于秦主自为者非其实矣。

5. 丙戌　晋孝武皇帝太元十一年（公元386年）

[**提要**] 海西公奕卒于吴。

[**乾道壬辰本**] 海西公奕卒于吴。

[**纲目**] 海西公奕薨于吴。

按，《晋书》（卷九）（中华书局点校本 第235页）作：“（冬十月）甲申，海西公奕薨。”《资治通鉴》（卷一百六）（中华书局点校本 第3370页）作：“海西公奕薨于吴。”

《凡例》“正统失尊曰卒”。注曰：周赧、汉献之类。《纲目考异》认为：窃考帝奕为权臣所废，而国未亡，故从北乡侯之例，当从《纲目》刊本为是。

6. 丙戌　晋孝武皇帝太元十一年（公元386年）

[**提要**] 十一月，秦苻登称帝。

[**乾道壬辰本**] 十一月，秦苻登称帝。

[**纲目**] 十一月，秦苻登称帝于南安。

按，《晋书》（卷九）（中华书局点校本 第236页）作：“十一月，苻丕将苻登僭即皇帝位于陇东。”考《凡例》，作：“凡僭国始称帝者曰某号姓名称皇帝。”《资治通鉴》（卷一百六）（中华书局点校本 第3371页）作：“十一月，……南安王登发丧行服，……登乃为坛于陇东，即皇帝位。”

《纲目续麟》（卷十）认为：前书起兵南安，则此“于南安”三字可省，前详而后略为史家旧例，当以《提要》为正。

7. 丁亥　晋孝武皇帝太元十二年（公元387年）

[**提要**] 秦苻纂起兵杏城。

[**乾道壬辰本**] 秦苻纂起兵杏城。

[纲目] 秦封苻纂为鲁王。

按，考《晋书》(卷一百十五)(中华书局点校本 第2949页)作："(苻登)遣使拜苻纂为……，进封鲁王。"《资治通鉴》(卷一百七)(中华书局点校本 第3374页)作："遣使拜东海王纂为使持节、都督中外诸军事、太师、领大司马，封鲁王。"

《纲目续麟》(卷十)认为：据分注当从《纲目》，盖前书起兵南安者，先起兵而后请命也，此书封纂为鲁王者，封在先而纂受之也。

8. 丁亥　晋孝武皇帝太元十二年(公元387年)

[提要] 五月，燕使其太原王绍击翟辽，降之。

[乾道壬辰本] 五月，燕使其太原王绍击翟辽，降之。

[纲目] 五月，燕使其太原王楷击翟辽，降之。

按，《晋书》(卷一百二十三)(中华书局点校本 第3082页)作"兄子楷征西将军、太原王"。考《晋书》慕容绍为慕容楷之弟，并未封太原王。《资治通鉴》(卷一百五)有"燕王垂遣太原王楷与镇南将军陈留王绍讨之"。《资治通鉴》(卷一百七)(中华书局点校本 第3377页)作："以太原王楷为前锋都督。辽众皆燕赵之人，闻楷至，皆曰：……相率归之。辽惧，遣使请降。"分注作"以太原王楷为先锋"。

9. 丁亥　晋孝武皇帝太元十二年(公元387年)

[提要] 秦主登进据胡空堡。

[乾道壬辰本] 秦主登进据胡空堡。

[纲目] 秦主登进据将军胡空堡。

按，考《晋书》(卷一百十五)(中华书局点校本 第4949页)作"囤骑校尉胡空""登进据胡空堡"。《资治通鉴》(卷一百七)(中华书局点校本 第3380页)作："秦主登进据胡空堡(注文：秦囤骑校尉胡空所筑堡也，在新平界)。"《通鉴纪事本末》(卷十六上)作："秦主登进据胡空堡。"

《纲目续麟》(卷十)认为：据下书拔将军徐嵩垒，则此当从《纲目》,《提要》疑漏。

10. 己丑　晋孝武帝太元十四年（公元389年）

［**提要**］十四年。春，正月，燕以慕容隆，守龙城。

［**乾道壬辰本**］十四年。春，正月，燕以慕容隆守龙城。

［**纲目**］十四年。春，正月，燕以慕容隆为幽州牧，守龙城。

按，考《晋书》（卷一百二十三）（中华书局点校本 第3085页）作："又以实领侍中、大单于、骠骑大将军、幽州牧。建留台于龙城。"《资治通鉴》（卷一百七）（中华书局点校本 第3386页）作："以高阳王隆为都督幽、平二州诸军事、征北大将军、幽州牧；建留台于龙城，以隆录留台尚书事。"

《纲目》交代更为详细。

11. 己丑　晋孝武帝太元十四年（公元389年）

［**提要**］秦雷恶地降于后秦。

［**乾道壬辰本**］秦雷恶地降于后秦。

［**纲目**］秦将军雷恶地降于后秦。

按，《资治通鉴》（卷一百七）（中华书局点校本 第3393页）作："征东将军雷恶地将兵在外，闻之，驰骑见登，……登以恶地勇略过人，阴惮之。恶地惧。降于后秦。"

《纲目续麟》认为：不书"将军"则常人耳，何以称降，且大书邪，提要虽主于省文，然文有不可省者，此类是也，当以《纲目》所书为正。

12. 庚寅　晋孝武帝太元十五年（公元390年）

［**提要**］夏，四月，秦魏揭飞攻后秦之杏城，雷恶地应之。后秦主苌击斩揭飞，恶地降。

［**乾道壬辰本**］夏，四月，秦魏揭飞攻后秦之杏城，雷恶地应之。后秦主苌击斩揭飞，恶地降。

［**纲目**］夏，四月，秦将军魏揭飞攻后秦之杏城，雷恶地应之。后秦主苌击斩揭飞，恶地降。

按,《资治通鉴》(卷一百七)(中华书局点校本 第3395—3396页)作:“夏,四月，秦镇东将军魏揭飞自称冲天王，帅氐、胡攻后秦安北将军姚当成于杏城，镇东将军雷恶地叛应之。……苌遣镇远将军王超等纵兵击之，斩揭飞及其将士万余级。恶地请降。”

13. 丙申　晋孝武帝太元二十一年(公元396年)

[**提要**]五月，燕以慕容德守邺、慕容农守晋阳。

[**乾道壬辰本**]五月，燕以慕容德守邺、慕容农守晋阳。

[**纲目**]五月，燕以慕容德为冀州牧，守邺；慕容农为并州牧，守晋阳。

按，考《晋书》(卷一百二十七)(中华书局点校本 第3162页)作：“宝即嗣位，以德为使持节，都督冀、兖、青、徐、荆、豫六州诸军事，特进车骑大将军、冀州牧。”《资治通鉴》(卷一百七)(中华书局点校本 第3427页)作：“五月，辛亥，以范阳王德为都督冀、兖、青、徐、荆、豫六州诸军事、车骑将军、冀州牧，镇邺；辽西王农为都督并、雍、益、梁、秦、凉六州诸军事、并州牧，镇晋阳。”

《纲目》史实更为详细。

14. 丁酉　晋安皇帝隆安元年(公元397年)

[**提要**]魏王珪遂进围中山。三月，慕容麟作乱，不克。奔西山，燕主宝出走。

[**乾道壬辰本**]魏王珪遂进围中山。三月，慕容麟作乱，不克。奔西山，燕主宝出走，慕容详城守拒魏。

[**纲目**]三月，燕幽、平牧慕容会引兵至蓟。慕容麟作乱，出走。魏王珪进围中山，燕王宝奔会军，慕容详城守拒魏。

按，事详《资治通鉴》(卷一百七)(中华书局点校本 第3441—3442页)。

《纲目续麟》认为：魏围中山在麟乱之前，而慕容会之引兵正为中山之围也，例当先书围中山，后书引兵至蓟，见进围者已逼国都，而赴难者方至蓟城，其为义不勇，明矣。

15. 戊戌　晋安皇帝隆安二年（公元398年）

［提要］二年。燕主慕容盛建平元、秦皇初五、魏天兴元年。

O南燕世宗慕容德元年。

O旧大国三。

O西秦、凉、南凉、北凉，小国四。新小国一，凡八僭国。

［乾道壬辰本］二年。燕中宗慕容盛建平元、秦皇初五、魏天兴元年。

O南燕世宗慕容德元年。

O旧大国三。

O西秦、凉、南凉、北凉，小国四。新南燕小国一，凡八僭国。

［纲目］二年。燕主慕容盛建平元、秦皇初五、魏天兴元年。

O南燕主慕容德元年。

O旧大国三。

O西秦、凉、南凉、北凉，小国四。新小国一，凡八僭国。

按，《纲目续麟》（卷十）认为：南燕当书王，分注作“主”误，《提要》称世宗，尤谬，“西”上圈子羡，据《凡例》称帝者曰某主，慕容德是年止称“王”，至四年始称帝。今不于四年书南燕主某而先于二年称“主”，与例不合，故当改正。

16. 戊戌　晋安皇帝隆安二年（公元398年）

［提要］春，正月，燕慕容德徙居滑台，称王。麟谋反，伏诛。魏拓跋仪入邺。

［乾道壬辰本］春，正月，燕慕容德徙居滑台，称王。麟谋反，伏诛。魏拓跋仪入邺。

［纲目］春，正月，燕慕容德徙居滑台，称燕王。麟谋反，伏诛。魏拓跋仪入邺。

按，《资治通鉴》（卷一百一十）（中华书局点校本 第3461页）作：“德用兄垂故事，称燕王。”

《纲目续麟》（卷十）据分注，德用兄垂故事，称燕王，燕字不可少（慕容垂称王亦有燕字，详孝武大元九年），《提要》略去，非是。

17. 戊戌　晋安皇帝隆安二年（公元398年）

［**提要**］黜殷仲堪使回军。

［**乾道壬辰本**］黜殷仲堪使回军。

［**纲目**］敕殷仲堪使回军。

按，《晋书》（卷十）（中华书局点校本 第251页）作："遣太常殷茂喻仲堪及玄。"《资治通鉴》（卷一百三十二）（中华书局点校本 第3479页）作："黜仲堪为广州刺史，遣仲堪叔父太常茂宣诏，敕仲堪回军。"

18. 戊戌　晋安皇帝隆安二年（公元398年）

［**提要**］冬，十月。燕长乐王盛称皇帝。

［**乾道壬辰本**］冬，十月。燕长乐王盛称皇帝。

［**纲目**］冬，十月。燕长乐王称皇帝。

按，据《凡例·名号例》当作"长乐王盛"。《资治通鉴》（卷一百一十）（中华书局点校本 第3481页）作："冬，十月，癸酉，……丙子，长乐王盛始即皇帝位。"

卷二十三

1. 己亥　晋安皇帝隆安三年（公元399年）

［**提要**］三月，魏分尚书诸曹，五经博士。

［**乾道壬辰本**］三月，魏分尚书诸曹，置五经博士。

［**纲目**］三月，魏分尚书诸曹，置五经博士。

按，考《魏书》（卷二）（中华书局点校本 第35页）作："初令五经群书各置博士。"《资治通鉴》（卷一百一十）（中华书局点校本 第3488页）作："吏部尚书崔宏通署三十六曹，如令、仆统事。置五经博士，增国子太学生员合三千人。”

五经博士：官名。汉晋间多与太学博士互称。南朝于太学博士外另置五经博士。唐国子学置五经博士个二人，正五品上，掌以经典教国子生。

“置”字不当少，否则即从动词“分”，于义不合，《提要》疑漏。

2. 己亥　晋安皇帝隆安三年（公元399年）

[**提要**] 桓玄举兵攻江陵，杀殷仲堪及雍州刺史杨佺期。

[**乾道壬辰本**] 桓玄举兵攻江陵，杀殷仲堪及雍州刺史杨佺期。

[**纲目**] 桓玄举兵攻江陵，杀殷仲堪、杨佺期。

按，《朱子全书》本同《提要》。考《晋书·卷十》（中华书局点校本 第252页）作：“十二月，桓玄袭江陵，荆州刺史殷仲堪、南蛮校尉杨佺期并遇害。”

《纲目续麟·卷十》认为：《书法》云杀殷、杨不书官，罪之也。

3. 庚子　晋安皇帝隆安四年（公元400年）

[**提要**] 桓玄都督荆、江八州军事。

[**乾道壬辰本**] 桓玄都督荆、江八州军事。

[**纲目**] 诏桓玄都督荆、江八州军事。

按，《朱子全书》本同《提要》。《资治通鉴》（卷一百一十一）（中华书局点校本 第3507页）作：“诏以玄为都督荆、司、雍、秦、梁、益、宁七州诸军事、荆州刺史……于是进玄督八州及扬、豫八郡诸军事。”

加一“诏”字，则封拜大权在朝廷。特于国家微弱之时，正纲纪，以正人心。《纲目续麟》（卷十）认为：玄志在江州，故始而表求，虽都督荆、司七州尤未慊也，必得江州而后已，而又以兄伟刺雍州，朝廷不能违其专擅、自遂。

4. 辛丑　晋安皇帝隆安五年（公元401年）

[**提要**] 五年。燕昭文帝慕容熙光始元，秦弘始三，魏天兴四年。

O凉王吕隆神鼎元，北凉王沮渠蒙逊永安元年。

[**乾道壬辰本**] 五年。燕昭文帝慕容熙光始元，秦弘始三，魏天兴四年。

O凉王吕隆神鼎元，北凉王沮渠蒙逊永安元年。

[**纲目**] 五年。燕主慕容熙光始元，秦弘始三，魏天兴四年。

O凉王吕隆神鼎元，北凉王沮渠蒙逊永安元年。

按，《朱子全书》本同《提要》。

5. 辛丑 晋安皇帝隆安五年（公元401年）

[**提要**] 三月。孙恩寇海盐，刘牢之参军刘裕击破之。

[**乾道壬辰本**] 三月。孙恩寇海盐，刘牢之参军刘裕击破之。

[**纲目**] 三月。孙恩攻海盐，刘牢之参军刘裕击破之。

按，《朱子全书》本同《提要》。《资治通鉴》（卷一百一十二）（中华书局点校本 第3520页）作："三月，孙恩北趣海盐，刘裕随而拒之，筑城于海盐故治。恩日来攻城，裕屡击破之。"

据《纲目》上文书会稽、临海、句章，下文丹徒，皆书寇。

6. 壬寅 晋安皇帝元兴元年（公元402年）

[**提要**] 春，正月，以会稽世子元显为征讨大都督，加黄钺，讨桓玄。

[**乾道壬辰本**] 春，正月，以会稽世子元显为征讨大都督，加黄钺，讨桓玄。

[**纲目**] 春，正月，以尚书令元显为征讨大都督，加黄钺，讨桓玄。

按，《朱子全书》本同《提要》。《资治通鉴》（卷一百一十二）（中华书局点校本 第3533页）作："春，正月，……以尚书令元显为骠骑大将军、征讨大都督。"

《纲目续麟》（卷十）认为：当从《纲目》。隆安四年元显解录尚书事，复加尚书令（见四年分注），此书以尚书令元显，所谓因事乃见者。

7. 甲辰 晋安皇帝元兴三年（公元404年）

[**提要**] 魏诏县户不满百者罢之。

O玄至寻阳，逼帝西上，青州刺史刘毅等率兵追之。

［乾道壬辰本］魏诏县户不满百者罢之。

O玄至寻阳，逼帝西上，青州刺史刘毅等率兵追之。

［纲目］魏诏县户不满百者罢之。

O玄至寻阳，逼帝西上，刘毅等率兵追之。

按，《朱子全书》本同《提要》。考《晋书》（卷八十五）（中华书局点校本 第2206页）作“裕以毅为冠军将军、青州刺史”。《资治通鉴》（卷一百一十三）（中华书局点校本 第3565页）作“刘毅为青州刺史”，又（3567页）作“玄逼帝西上，刘毅帅何无忌、刘道规等诸军追之”。

《纲目续麟》（卷十）认为：桓玄废主自帝。诸臣皆有罪，何官可书？犹曰：青州刺史乎？况刘毅尤玄司徒王谧所推，非帝命也。《提要》误，下书何无忌琅邪内史，并非。

8. 甲辰　晋安皇帝元兴三年（公元404年）

［提要］琅邪内史何无忌等及玄兵战于桑落洲，大破之，得太庙神主送建康。

［乾道壬辰本］琅邪内史何无忌等及玄兵战于桑落洲，大破之，得太庙神主送建康。

［纲目］何无忌等及玄兵战于桑落洲，大破之，得太庙神主送建康。

按，《朱子全书》本同《提要》。

内史：官名。西周置，或称“作册”“作册内史”“作命内史”。《周礼》春官之属有内史，掌国法，国令，策令诸侯、卿大夫，掌爵禄废置。

9. 丁未　晋安皇帝义熙三年（公元407年）

［提要］（无）

［乾道壬辰本］凉公暠复遣使来上表。

［纲目］凉公暠复遣使来上表。

按，《资治通鉴》（卷一百一十四）（中华书局点校本 第3604页）作：“是岁，西凉公暠以前表未报，复遣沙门法泉间行奉表诣建康。”

10. 庚戌　晋安皇帝义熙六年（公元410年）

[**提要**] 三月，江、荆都督何无忌讨徐道覆，战于豫章败绩，死之。

[**乾道壬辰本**] 三月，江、荆都督何无忌讨徐道覆，战败死之。

[**纲目**] 三月，江、荆都督何无忌讨徐道覆，战败死之。

按,《晋书》(卷十)(中华书局点校本 第261页)作:“(三月)壬申，镇南将军、江州刺史何无忌及循战于豫章，王师败绩，无忌死之。”《资治通鉴》(卷一百一十五)(中华书局点校本 第3629页)作:“三月，壬申，(何无忌)与徐道覆遇于豫章，……(无忌)握节而死。”

《纲目续麟》(卷十)认为:当从《提要》补“于豫章”三字。

卷二十四

1. 壬子　晋安皇帝义熙八年（公元412年）

[**提要**] 秦杨佛嵩攻夏，夏王勃勃与战，破之。

[**乾道壬辰本**] 秦杨佛嵩攻夏，夏王勃勃与战，破之。

[**纲目**] 秦雍州刺史杨佛嵩攻夏，夏王勃勃与战，破之。

按,《朱子全书》本作:“秦杨佛嵩攻夏。夏王勃勃与战，杀之。”《资治通鉴》(卷一百一十六)(中华书局点校本 第3654页)作:“以杨佛嵩为雍州刺史，……佛嵩与夏王勃勃战，果败。”

刺史:官名。汉武帝元封五年（公元前106年）初置，领各州（部）事，故亦称州刺史、部刺史。掌奉诏条察州部。

2. 癸丑　晋安皇帝义熙九年（公元413年）

[**提要**] 修土断法，省流寓郡县。

[**乾道壬辰本**] 修土断法，省流寓郡县。

[**纲目**] 诏申土断之法，并省流寓郡县。

按,《朱子全书》本作:“修土断法，并省流寓郡县。”《资治通鉴》(卷一百一十六）（中华书局点校本 第3658页）作："于是依界土断，唯徐、兖、青三州居晋陵者，不在断例；诸流寓郡县多所并省。"

3. 癸丑　晋安皇帝义熙九年（公元413年）

［**提要**］秦索稜以陇西降西秦。

［**乾道壬辰本**］秦索稜以陇西降西秦。

［**纲目**］秦太尉索稜以陇西降西秦。

按，《朱子全书》本同《提要》。《资治通鉴》（卷一百一十六）（中华书局点校本 第3658页）作："秦太尉索稜以陇西降炽磐。"

太尉：官名。秦置。西汉沿置金印紫绶，为国家最高武官，与丞相、御史大夫并为三公。建元二年（公元前139年）省，元狩四年（公元前119年）改为大司马，加将军之号。东汉初复称太尉，与司徒、司空并为三公（参见《文献通考》考445中）。

《纲目续麟》（卷十）认为：当从《纲目》，稜非太尉，安能以陇西降秦？

4. 丙辰　晋安皇帝义熙十二年（公元416年）

［**提要**］遣高密王恢之，修谒五陵。

［**乾道壬辰本**］遣高密王恢之，修谒五陵。

［**纲目**］诏遣高密王恢之，修谒五陵。

按，《朱子全书》本作："遣司空高密王恢之，修谒五陵。"《晋书》（卷十）（中华书局点校本 第265页）作："冬十月己丑，遣兼司空、高密王恢之，修谒五陵。"《资治通鉴》（卷一百一十七）（中华书局点校本 第3695页）作："（十月）己丑，诏遣兼司空高密王恢之修谒五陵，置守卫。"

加"诏"字，则政由朝廷出。

5. 辛酉　宋武皇帝永初二年（公元421年）

［**提要**］冬，十一月，宋葬晋恭帝于冲平陵。

［**乾道壬辰本**］冬，十一月，葬晋恭帝于冲平陵。

［**纲目**］冬，十一月，葬晋恭帝于冲平陵。

按,《资治通鉴》(卷一百一十九)(中华书局点校本 第3741页)作:“十一月,辛亥,葬晋恭帝于冲平陵。”

据《凡例》,凡无统事,各冠以国号,此条合从《提要》加“宋”字。

6. 癸亥　宋营阳王景平元年(公元423年)

[提要] 魏师还,留刁雍戍尹卯。

[乾道壬辰本] 魏师还,留刁雍戍尹卯。

[纲目] 魏攻东阳城,不克而退。留刁雍戍尹卯。

按,《朱子全书》本同《提要》。《资治通鉴》(卷一百一十九)(中华书局点校本 第3757页)作:“叔孙建攻东阳,……遂不克……刁雍遂留镇尹卯。”

7. 甲子　宋文皇帝元嘉元年(公元424年)

[提要] 夏,五月,宋徐羡之、傅亮、谢晦废其主义符为营阳王,迁于吴。六月,弑之。迎宜都王义隆于江陵,杀前庶人义真。以谢晦行都督荆、湘等州军事。

[乾道壬辰本] 夏,五月,宋徐羡之、傅亮、谢晦废其主义符为营阳王,迁于吴。六月,弑之。迎宜都王义隆于江陵,杀前庶人义真。以谢晦行都督荆、湘等州军事。

[纲目] 夏,五月,宋徐羡之、傅亮、谢晦废其主义符为营阳王,迁于吴。六月,弑之。迎宜都王义隆于江陵,杀前庐陵王义真。以谢晦行都督荆、湘等州军事。

按,《朱子全书》本作“庶人”。《资治通鉴》(卷一百二十)(中华书局点校本 第3768页)作:“羡之等又遣使杀前庐陵王义真于新安。”

《纲目》于义真已然被废为庶人后犹称前庐陵王,可见其不予宋人之废之意。《纲目续麟·卷十一》认为当从《纲目》书庐陵王,《提要》作庶人误。

8. 丙寅　宋文皇帝元嘉三年(公元426年)

[提要] 魏罢漏户缯帛,以属郡县。

[乾道壬辰本] 魏罢漏户缯,以属郡县。

[纲目] 魏罢漏户缯，以属郡县。

按,《资治通鉴》(卷一百二十)(中华书局点校本 第3790页)作:“天兴中，诏采诸漏户，令输缯帛；……是岁，始一切罢之，以属郡县。”又分注有:“魏初得中原，民多逃隐，天兴中诏采诸漏户，令输缯帛，不隶郡县。赋役不均，是岁始诏罢之以属郡县。”

9. 丁卯　宋文皇帝元嘉四年(公元427年)

[提要](无)

[乾道壬辰本] 五月，魏主发平城。

[纲目] 五月，魏主发平城。

按,《资治通鉴》(卷一百二十)(中华书局点校本 第3792页)作:“五月，魏主发平城。”

《纲目续麟》(卷十一)认为：据前后皆书还平城(春正月，魏主还平城，秋八月魏主还平城)，则此七字不可少,《提要》不书或传录误漏。

10. 丁卯　宋文皇帝元嘉四年(公元427年)

[提要] 晋处士陶潜卒。

[乾道壬辰本] 晋处士陶潜卒。

[纲目] 晋征士陶潜卒。

按,《朱子全书》本同《提要》。《草木子》(卷二)、《古今源流至论·别集》(卷一)、《明文海》(卷七十六)书“处士”;《纲目续麟》、《历代通鉴辑览》、《池北偶谈》(卷十二)、《俨山外集》(卷七)、《文宪集》(卷十三)作“征士”。

《纲目续麟》认为当从刊本作征士。理由是：“潜实为彭泽令，非特征著作郎不就也，以八十余日之令不书，徒以一日之征为据，岂定论哉？”

《篁墩文集》(卷三十六)认为：“夫渊明自以晋朝世辅耻复屈身刘宋，故始终托诗酒以自晦而人莫之知也。朱子《纲目》大书晋征士陶潜卒。于南宋之朝，可谓得渊明本心于千载之上者矣。”

书“晋”人是因陶氏为晋之遗民，书“晋”以“从其志”。现代人著作，如陈垣先生《南宋河北新道教考》，书南宋而实际河北已为金地，因陈先生写此文时，正值抗日战争，北方沦陷，故托微言以见志。与朱熹此条正有相通处。

卷二十五

1. 己巳　宋文皇帝元嘉六年（公元429年）

[**提要**] 武都王玄卒，弟难当废其子保宗而自立。

[**乾道壬辰本**] 武都王杨玄卒，弟难当废其子保宗而自立。

[**纲目**] 武都王杨玄卒，弟难当废其子保宗而自立。

按，《资治通鉴》（卷一百二十一）（中华书局点校本 第3812页）作："武都孝昭王杨玄疾病……难当乃废保宗、自称……武都王。"《大事记续编》（卷三十六）作："武都王杨玄卒，其弟难当废其子保宗自立。"

2. 庚午　宋文皇帝元嘉七年（公元430年）

[**提要**] 秦自正月不雨，至于是月。

[**乾道壬辰本**] 秦自正月不雨，至于是月。

[**纲目**] 西秦自正月不雨，至于是月。

按，《朱子全书》本同《提要》。《资治通鉴》（卷一百二十一）（中华书局点校本 第3821页）作："秦自正月不雨，至于九月。"

纲目上文书"秦王"，下书"秦迁"，则"西"字当省去。

卷二十六

1. 辛卯　宋文帝元嘉二十八年（公元451年）

[**提要**] 宋元嘉二十八年，魏正平元年。

[**乾道壬辰本**] 宋元嘉二十八年，魏正平元年。

[**纲目**] 宋元嘉二十八年，魏太平真君十二年。

按,《朱子全书》本同《提要》。

2. 壬辰　宋文帝元嘉二十九年（公元452年）

［**提要**］春，二月，魏宦者宗爱弑其君焘而立南安王余。

［**乾道壬辰本**］春，二月，魏宦者宗爱弑其君焘而立南安王余。

［**纲目**］春，二月，魏中常侍宗爱弑其君焘而立南安王余。

按,《朱子全书》本同《提要》。《资治通鉴》（卷一百二十六）（中华书局点校本第3973页）作："中常侍宗爱惧诛，二月甲寅，弑帝。"

中常侍：官名。秦始置，西汉为加官。东汉属少府，由宦官担任，掌侍皇帝左右，可入内宫，管理内宫之事，兼顾问应对，无定员。

《凡例》，贼宦可见者并著之，则此当从《纲目》刊本。《纲目续麟》（卷十一）认为：当从《提要》书宦者，书中常侍则与孙程等无异，故从《提要》，以示人君不可昵近刑人之意。

3. 壬辰　宋文帝元嘉二十九年（公元452年）

［**提要**］秋，八月，宋攻魏碻磝，不克而退。雍州兵进至虎牢，引还。

［**乾道壬辰本**］秋，八月，宋攻魏碻磝，不克而退。雍州兵进至虎牢，引还。

［**纲目**］秋，八月，宋攻碻磝，不克而退。雍州兵进至虎牢，亦还。

按,《朱子全书》本同《提要》。

4. 癸巳　宋文帝元嘉三十年（公元453年）

［**提要**］二月，宋太子劭杀其君义隆及其左卫率袁淑、仆射徐湛之、尚书江湛而自立，以何尚之为司空。

［**乾道壬辰本**］二月，宋太子劭弑其君义隆及其左卫率袁淑、仆射徐湛之、尚书江湛而自立，以何尚之为司空。

［**纲目**］二月，宋太子劭弑其君义隆及其左卫率袁淑、仆射徐湛之、尚书江湛而自立，以何尚之为司空。

按,《凡例·篡贼例》作"僭国无统则曰某国某人弑其君于某"。

《纲目考异》此条下有："窃考纲目刊本及提要，互有得失，如此类者，今并录之，以俟来哲择善而从，且以见当时刊刻阅之未详也。"

5. 甲午　宋孝武帝孝建元年（公元454年）

[**提要**] 宋王立其子子业为太子。

[**乾道壬辰本**] 宋主立其子子业为太子。

[**《朱子全书》本**] 宋主立其子子业为太子。

[**纲目**] 宋立子子业为太子。

按，《宋书》（卷六）（中华书局点校本 第114页）作："正月丙寅，立皇子子业为皇太子。"《资治通鉴》（卷一百二十八）（中华书局点校本 第4010页）作"立皇子子业为太子"。

卷二十七

1. 丁未　宋明帝泰始三年（公元467年）

[**提要**] 十二月，常珍奇复归于宋。

[**乾道壬辰本**] 十二月，常珍奇复归于宋。

[**纲目**] 十二月，常珍奇叛魏归宋。

按，《朱子全书》本同《提要》。《资治通鉴》（卷一百三十二）（中华书局点校本 第4142页）作："常珍奇虽降于魏，实怀二心。刘勔复以书招之，会魏西河公石攻汝阴，珍奇乘虚烧劫悬瓠，驱掠上蔡、安成、平兴三县民屯于灌水，魏人攻之，珍奇奔寿阳。"《纲目》分注："常珍奇虽降于魏，实怀二心。刘勔复以书招之，会魏西河公石攻汝阴，珍奇乘虚烧劫悬瓠，驱掠上蔡、安成、平兴三县民屯于灌水，魏人攻之，珍奇奔寿阳。"

2. 戊申　宋明帝泰始四年（公元468年）

[**提要**]（无）

[**乾道壬辰本**]（无）

［纲目］常珍奇奔宋。

按，《朱子全书》本同《提要》。《资治通鉴》（卷一百三十二）（中华书局点校本 第4144页）作："魏西河公石攻之，常珍奇单骑奔寿阳。"

据泰始三年分注，此句当削。

3. 庚戌　宋明帝泰始六年（公元470年）

［提要］宋太子昱纳妃江氏。

［乾道壬辰本］宋太子昱纳妃江氏。

［纲目］宋纳太子妃江氏。

按，《朱子全书》本同《提要》。考《宋书》（卷八）（中华书局点校本 第166页）作："（二月）癸丑，皇太子纳妃。"《资治通鉴》（卷一百三十二）（中华书局点校本 第4151页）作："纳江智渊女为太子妃。"

疑书宋纳太子妃，则似唐玄宗纳寿王妃，而于君臣父子之教，所害尤大。今考晋泰始八年，书晋太子衷纳妃贾氏，陈大建五年，书周太子赟纳妃杨氏，则此当从《提要》。《纲目续麟·卷十一》认为：《凡例》无统，后、夫人因事乃书，此书太子纳妃为责献也，非是则不书矣，书法虽为志贿，而仍以纳太子妃为辞，何以解于玄宗之疑也。

4. 己未　宋顺帝昇明三年（公元479年）

［提要］宋昇明三年，齐太祖高帝萧道成建元元年，魏太和三年。

［乾道壬辰本］宋昇明三年，齐太祖高帝萧道成建元元年，魏泰和三年。

［纲目］宋昇明三年，齐太祖高帝萧道成建元元年，魏太和三年。

O是岁宋亡齐代。

按，据《朱子全书》本卷校勘记（12）知底本与《提要》同。《纲目续麟》（卷十一）认为：当从《纲目》，分注《提要》不书，省文耳，不必从。

5. 己未　宋顺帝昇明三年（公元479年）

［提要］齐主立其世子赜为太子，诸子皆封王。

［乾道壬辰本］齐主立其世子赜为太子，诸子皆封王。

[纲目] 齐立世子赜为太子，诸子皆封王。

按，《朱子全书》本同《提要》。《资治通鉴》（卷一百三十五）（中华书局点校本 第4224页）作“进世子为太子”。

6. 庚申　齐高帝建元二年（公元480年）

[提要] 魏封王叡为中山王。

[乾道壬辰本] 魏封王叡为中山王。

[纲目] 魏封尚书令王叡为中山王。

按，《朱子全书》本同《提要》。《三国志·魏书》（卷九十三）（中华书局点校本 第1988页）作：“四年，迁尚书令，封爵中山王，加镇东大将军。”《资治通鉴》（卷一百三十五）（中华书局点校本 第4242页）作：“魏尚书令王叡进爵中山王。”

尚书令：官名。秦置，两汉沿置，为少府属官。主管章奏文书，武帝时以宦官担任，地位渐高；成帝时改用士人；东汉时为尚书台首领，参与国家机密，凡朝廷议事，与御史中丞、司隶校尉特设专坐，号称“三独坐”。北齐时，位在录尚书以下，职掌同，并兼纠弹之事。

7. 壬戌　齐高帝建元四年（公元482年）

[提要] 夏，六月，齐主立其子长懋为太子。

[乾道壬辰本] 夏，六月，齐主立其子长懋为太子。

[纲目] 夏，六月，齐立子长懋为太子。

按，《朱子全书》本同《提要》。《南齐书》（卷三）（中华书局点校本 第45页）作：“六月甲申，立皇太子长懋。”《资治通鉴》（卷一百三十五）（中华书局点校本 第4249页）作：“六月，甲申朔，立南郡王长懋为皇太子。”

8. 癸亥　齐武帝永明元年（公元483年）

[提要] 春，齐复郡县官田秩，小满限。

[乾道壬辰本] 春，齐复郡县官田秩，小满限。

[纲目] 春，齐复郡县官田秩，迁代以小满为限。

按，据《朱子全书》本卷校勘记（18）知底本与《提要》同。《南齐书》（卷三）（中华书局点校本 第47页）作："莅民之职，一以小满为限。"《资治通鉴》（卷一百三十五）（中华书局点校本 第4251—4252页）作："春，……诏以边境宁晏，治民之官，普复田秩……以治民之官六年过久，乃以三年为断，谓之小满；而迁换去来，又不能依三年之制。三月，癸丑，诏，自今一以小满为限。"

《纲目》叙事更为完整而《提要》过于精练，不能做到晓畅明了。《纲目续麟》认为：当从《提要》，去"迁代以""为"四字。田秩小满限皆旧制也，既书复其制，已明。若复书"迁代以""为"便似新法，非复旧也。

9. 癸亥　齐武帝永明元年（公元483年）

[**提要**] 魏主之子恂生。

[**乾道壬辰本**] 魏主之子恂生。

[**纲目**] 魏子恂生。

按，《朱子全书》本同《提要》。《资治通鉴》（卷一百三十五）（中华书局点校本 第4254页）作："闰月，癸丑，魏主后宫平凉林氏生子恂。"《魏书》（卷八考证）有："闰月，魏子恂生。"

卷二十八

1. 卷首　南北朝齐魏甲子年（齐武帝永明二年）（公元484年）

[**提要**] 起甲子齐武帝永明二年、魏高祖太和八年。

　　O尽丙子齐高宗建武三年，魏高祖太和二十年。

[**乾道壬辰本**] 起甲子齐武帝永明二年、魏高祖太和八年。

　　O尽丙子齐高宗建武三年，魏高祖太和二十年。

[**纲目**] 起甲子齐武帝永明二年、魏孝文帝太和八年。

　　O尽丙子齐明帝建武三年，魏孝文帝太和二十年。

按，《朱子全书》本同《提要》。

2. 己巳　南北朝齐魏己巳年（齐武帝永明七年）（公元489年）

［**提要**］魏主诏群臣言事。

［**乾道壬辰本**］魏主诏群臣言事。

［**纲目**］魏主访群臣言事。

按，《朱子全书》本同《提要》。《资治通鉴》（卷一百三十六）（中华书局点校本 第4282页）作："魏主访群臣以安民之术。"《通鉴总类》（卷九下）作："魏主访群臣以安民之术。"

据上述史料及分注当从《纲目》作"访"。

3. 辛未　南北朝齐魏辛未年（齐武帝永明九年）（公元491年）

［**提要**］九月，魏主祥祭于庙。冬，十月，谒永固陵。十一月，禫祭，遂祀圜丘、明堂，飨群臣，迁神主于新庙。

［**乾道壬辰本**］九月，魏主祥祭于庙。冬，十月，谒永固陵。十一月，禫祭，遂祀圜丘、明堂，飨群臣，迁神主于新庙。

［**纲目**］九月，魏主祥祭于庙。冬，十月，谒永固陵。十一月，魏主禫祭，遂祀圜丘、明堂，飨群臣，迁神主于新庙。

按，《朱子全书》本同《提要》。《凡例》无统，事冠以国。《纲目》加"魏主"两字，点出无统时间。

4. 壬申　南北朝齐魏壬申年（齐武帝永明十年）（公元492年）

［**提要**］魏修尧、舜、禹及周公、孔子之祀。

［**乾道壬辰本**］魏修尧、舜、禹及周公、孔子之祀。

［**纲目**］魏修尧、舜、禹、周公、孔子之祀。

按，《朱子全书》本同《提要》。《资治通鉴》（卷一百三十七）（中华书局点校本 第4320页）作："诏祀尧于平阳，舜于广宁，禹于安邑，周公于洛阳，皆令牧守执事；其宣尼之庙，祀于中书省。"

5. 壬申　南北朝齐魏壬申年（齐武帝永明十年）（公元492年）

［提要］夏，四月。魏班新律。

O齐豫章王嶷卒。

［乾道壬辰本］夏，四月。魏班新律。

O齐豫章王嶷卒。

［纲目］夏，四月。魏班新律。

O齐大司马太傅豫章王嶷卒。

按，《朱子全书》本同《提要》。《资治通鉴》（卷一百三十七）（中华书局点校本 第4320页）作“豫章文献王嶷卒”。

《纲目》加了“大司马”“太傅”两个官名，用来褒扬其地位之尊崇。

大司马：官名。《周礼·夏官》：“大司马之职，掌建邦国之九法，以佐王平邦国。”郑玄注：“平，成也。”南朝北魏北齐时与大将军合为“二大”，位三师下，三公上。

太傅：官名。西周时与太师、太保号“三公”，同为辅弼天子之重臣。《尚书·周官》：“傅，傅相天子。”后渐为虚衔。

《纲目续麟》（卷十一）认为：当从提要去“大司马”“太傅”五字。弑逆之族，苟非鲁叔肸、曹子臧之流，皆当减一等论。书法与齐王攸并称，非也。

6. 壬申　南北朝齐魏壬申年（齐武帝永明十年）（公元492年）

［提要］八月，魏败柔然于大碛，柔然杀其可汗伏名敦。

［乾道壬辰本］八月，魏败柔然于大碛，柔然弑其可汗伏名敦。

［纲目］八月，魏败柔然于大碛，柔然杀伏名敦可汗。

按，《朱子全书》本作：“柔然弑其可汗伏名敦。”《资治通鉴》（卷一百三十七）（中华书局点校本 第4322页）作：“八月，魏……分三道以击柔然……军过大碛，大破柔然而还。……（柔然）国人……乃杀伏名敦。”

7. 癸酉　南北朝齐魏癸酉年（齐武帝永明十一年）（公元493年）

［提要］夏，四月，齐主立其孙昭业为太孙。

［乾道壬辰本］夏，四月，齐主立其孙昭业为太孙。

［纲目］夏，四月，齐立孙昭业为太孙。

按，《朱子全书》本同《提要》。

8. 癸酉　南北朝齐魏癸酉年（齐武帝永明十一年）（公元493年）

［提要］秋，七月，魏主立其子恂为太子。

［乾道壬辰本］秋，七月，魏主立其子恂为太子。

［纲目］秋，七月，魏立子恂为太子。

按，《朱子全书》本同《提要》。

9. 甲戌　南北朝齐魏甲戌年（齐明帝建武元年）（公元494年）

［提要］齐竟陵王子良卒。

［乾道壬辰本］齐竟陵王子良卒。

［纲目］竟陵王子良以忧卒。

按，《朱子全书》本同《提要》。《南齐书》（卷四十）（中华书局点校本 第701页）作“其年疾笃”；《资治通鉴》（卷一百三十九）（中华书局点校本 第4353页）作“竟陵文宣王子良以忧卒”。

《凡例》无统，事冠以国，当加“齐”字。《纲目续麟》（卷十一）认为：当从《提要》补“齐”字，“以忧”字可省，所谓因事而书也。

10. 甲戌　南北朝齐魏甲戌年（齐明帝建武元年）（公元494年）

［提要］齐萧鸾弑其君昭业，而立新安王昭文，自为骠骑大将军、录尚书事、宣城公。

［乾道壬辰本］齐萧鸾弑其君昭业，而立新安王昭文，自为骠骑大将军、录尚书事、宣城公。

［纲目］齐萧鸾弑其君昭业，而立新安王昭文，自为骠骑大将军、录尚书事，封宣城公。

按，《朱子全书》本同《提要》。《南齐书》（卷六）（中华书局点校本 第84页）作：“郁林王费、海陵王立，为使持节、都督扬、南徐二州军事，骠骑大将军、录尚书事……封宣城公。”《资治通鉴》（卷一百三十九）（中华书局点校本 第4357页）作：“以西昌侯鸾为骠骑大将军、录尚书事、扬州刺史、宣城郡公。”

11. 甲戌　南北朝齐魏甲戌年（齐明帝建武元年）（公元494年）

[**提要**] 齐主立其子宝卷为太子。

[**乾道壬辰本**] 齐主立其子宝卷为太子。

[**纲目**] 齐立子宝卷为太子。

按，《朱子全书》本同《提要》。《南齐书》（卷六）（中华书局点校本 第86页）作：“立皇太子宝卷。”《资治通鉴》（卷一百三十九）（中华书局点校本 第4368—4369页）作：“十一月，癸酉，以始安王遥光为扬州刺史，……以闻喜公遥欣为荆州刺史，……立皇子宝卷为太子。”《历代通鉴辑览》（卷四十）作：“齐立子宝卷为太子。”

12. 乙亥　南北朝齐魏乙亥年（齐明帝建武二年）（公元495年）

[**提要**] 冬，十月，魏诏州牧考其官属得失以闻。

[**乾道壬辰本**] 冬，十月，魏诏州牧考其官属得失以闻。

[**纲目**] 冬，十月，魏诏州牧考其官属得失品第以闻。

按，《朱子全书》本作：“冬，十月，魏诏州牧考官属得失以闻。”《资治通鉴》（卷一百四十）（中华书局点校本 第4391页）作：“魏诏：诸州精品属官，考其得失为三等以闻。”

卷二十九

1. 卷首　丁丑　齐明帝建武四年（公元497年）

[**提要**] 起丁丑齐高宗建武四年、魏高祖太和二十一年，尽甲申梁高祖天监三年、魏世宗正始元年。

[**乾道壬辰本**] 起丁丑齐高宗建武四年、魏高祖太和二十一年，尽甲申梁

高祖天监三年、魏世宗正始元年。

[纲目]起丁丑齐明帝建武四年、魏孝文帝太和二十一年，尽甲申梁武帝天监三年、魏宣武帝正始元年。

按，《朱子全书》本同《提要》。《纲目续麟》（卷十一）认为：当以《纲目》所书为正（后并仿此）。

2. 丁丑 齐明帝建武四年（公元497年）

[提要]魏主立其子恪为太子。

[乾道壬辰本]魏主立其子恪为太子。

[纲目]魏立子恪为太子。

按，《朱子全书》本同《提要》。《资治通鉴》（卷一百四十一）（中华书局点校本 第4405页）作："春，正月，…… 丙申，魏立皇子恪为太子。"《历代通鉴辑览》同《纲目》，《通鉴总类·卷五上》作："魏立皇子恪为太子。"

3. 戊寅 齐明帝永泰元年（公元498年）

[提要]八月，高车叛魏。九月，魏主自齐引兵还，讨降之。

[乾道壬辰本]八月，高车叛魏。九月，魏主自齐引兵还，讨降之。

[纲目]八月，高车叛魏。九月，魏主引兵还，讨降之。

按，《朱子全书》本同《提要》。《纲目续麟》（卷十一）认为："自齐"二字可省，上书齐王殂，下书自齐引兵还，则几于闻丧而还矣。本以高车之叛而还，非为齐丧也。故降之者江阳王而纲目必书魏主，明其以是还也，不书"自齐"，不以还义予魏也。

4. 辛巳 齐和帝中兴元年（公元501年）

[提要]齐尚书令萧颖胄卒。

[乾道壬辰本]齐尚书令萧颖胄卒。

[纲目]齐尚书令巴东公萧颖胄卒。

按，《朱子全书》本同《提要》。《资治通鉴》（卷一百四十四）（中华书局点校本 第4502页）有"巴东献武公萧颖胄"。

《纲目续麟》（卷十一）认为：当从《提要》去“巴东公”三字，本传和帝即位，以颖胄为侍中，尚书令萧衍受禅，诏封颖胄巴东郡公，是宝融，所命止尚书令而巴东公则梁封爵也，《提要》不书巴东公，良是。

5. 壬午　齐和帝中兴二年（公元502年）

[提要] 齐中兴二年，梁高祖武帝萧衍天监元年，魏景明三年。

[乾道壬辰本] 齐中兴二年，梁高祖武帝萧衍天监元年，魏景明三年。

[纲目] 齐中兴二年，梁高祖武帝萧衍天监元年，魏景明三年。

O是岁齐亡梁代。

按，据《朱子全书》本卷校勘记（6）知底本与《提要》同。《纲目》史实更为具体且与全书体例一致。

6. 壬午　梁武帝天监元年（公元502年）

[提要] 梁主立其子统为太子。

[乾道壬辰本] 梁主立其子统为太子。

[纲目] 梁立子统为太子。

按，《朱子全书》本同《提要》。《资治通鉴》（卷一百四十五）（中华书局点校本 第4527页）作：“十一月，……甲子，立皇子统为太子。”《历代通鉴辑览》（卷四十一）同《纲目》。

7. 癸未　梁武帝天监二年（公元503年）

[提要] 春，正月，梁以沈约、范云为仆射，尚书令王亮废为庶人。

[乾道壬辰本] 春，正月，梁以沈约、范云为仆射，尚书令王亮废为庶人。

[纲目] 春，正月，梁以沈约、范云为左右仆射，尚书令王亮废为庶人。

按，《朱子全书》本同《提要》。《梁书》（卷二）作：“以尚书仆射沈约为尚书左仆射，吏部尚书范云为尚书右仆射。”《资治通鉴》（卷一百四十五）（中华书局点校本 第4528页）作：“春，正月，乙卯，以尚书仆射沈约为左仆射，吏部尚书范云为右仆射，尚书令王亮……削爵，废为庶人。”

8. 癸未　梁武帝天监二年（公元503年）

［**提要**］五月，梁范云卒，以左丞徐勉、将军周舍同参国政。

［**乾道壬辰本**］五月，梁范云卒，以左丞徐勉、将军周舍同参国政。

［**纲目**］五月，梁仆射范云卒，以左丞徐勉、将军周舍同参国政。

按，《朱子全书》本同《提要》。《梁书》（卷二）作："以尚书仆射沈约为尚书左仆射，吏部尚书范云为尚书右仆射。"

徐勉、周舍等人前均加官名，则范云之前亦应加官名。《纲目》这一修改，使每个人名前都有官名，体例一致。

仆射：官名。秦置，为所领某事之长官。《汉书·百官公卿表》："仆射，秦官。自侍中、尚书、博士，郎皆有。"梁时沿置（参见《文献通考》考470上）。

《纲目续麟》（卷十二）认为：当书"梁范云死"，去"仆射卒"三字。梁之范云、沈约犹齐之褚渊、王俭也，义当书死，官、卒和为哉？

卷三十

1. 卷首　梁武帝天监四年（公元505年）

［**提要**］起乙酉梁高祖天监四年、魏世宗正始二年，尽乙巳梁高祖普通六年、魏肃宗孝昌元年。

［**乾道壬辰本**］起乙酉梁高祖天监四年、魏世宗正始二年，尽乙巳梁高祖普通六年、魏肃宗孝昌元年。

［**纲目**］起乙酉梁武帝天监四年、魏宣武帝正始二年，尽乙巳梁武帝普通六年、魏孝明帝孝昌元年。

按，《朱子全书》本同《提要》。

2. 己丑　梁武帝天监八年（公元509年）

［**提要**］三月，魏侵梁雍州，梁击败之。

[**乾道壬辰本**] 三月，魏侵梁雍州，梁击败之。

[**纲目**] 三月，魏侵梁雍州，梁州兵击败之。

按，《朱子全书》本同《提要》。《资治通鉴》（卷一百四十七）（中华书局点校本 第4592页）作："三月，魏荆州刺史元志将兵七万寇潺沟……雍州刺史吴平侯昺……命司马朱思远等击志于潺沟，大破之，斩首万余级。"可知当时使用的是雍州地方军队。《凡例》作："不遣兵而州郡自讨则云州郡或州兵。"《纲目》指出使用的不是中央派遣的军队，而是地方的军队。

3. 庚寅　梁武帝天监九年（公元510）

[**提要**] 三月，魏主之子恂生

[**乾道壬辰本**] 三月，魏主之子诩生。

[**纲目**] 三月，魏主之子诩生。

按，《资治通鉴》（卷一百四十七）（中华书局点校本 第4595页）作："三月，丙戌魏皇子诩生。"《提要》疑涉前而误。

4. 乙未　梁武帝天监十四年（公元515年）

[**提要**] 梁大寒，淮、汜皆冰。

[**乾道壬辰本**] 梁大寒，淮、汜皆冰。

[**纲目**] 大寒，淮、汜皆冰。

按，《朱子全书》本同《提要》。《资治通鉴》（卷一百四十八）（中华书局点校本 第4620页）作："是冬，寒甚，淮泗尽冻，浮山堰士卒死者什七八。"

《纲目》上文书大旱、大水，皆冠以国，则此处当从《提要》。《纲目续麟》（卷十二）认为：当从《提要》补"梁"字。据分注是年大寒为筑堰死者书也，则其为梁明矣。

5. 丙申　梁武帝天监十五年（公元516年）

[**提要**] 春，二月，魏攻梁硖石，克之。

[**乾道壬辰本**] 春，二月，魏攻梁硖石，克之。

[**纲目**] 春，二月，魏攻硖石，克之。

按，《朱子全书》本同《提要》。《资治通鉴》（卷一百四十八）（中华书局点校本 第4621页）作“魏崔亮攻硖石”。

《提要》书梁，则梁、魏交战显而易见。《纲目续麟》（卷十二）认为：硖石本魏也，（上年九月大书梁攻魏西硖石，据之）为梁所据，距此仅数月耳。魏复攻而克之，是梁不得而有也，故不书“梁”。

6. 戊戌　梁武帝天监十七年（公元518年）

［**提要**］夏，四月，魏胡国珍卒，追号太上秦公。

［**乾道壬辰本**］夏，四月，魏胡国珍卒，追号太上秦公。

［**纲目**］夏，四月，魏司徒胡国珍卒，追号太上秦公。

按，《朱子全书》本同提要。《资治通鉴》（卷一百四十八）（中华书局点校本 第4635页）作：“夏，四月，丁酉，魏秦文宣公胡国珍卒，……号太上秦公。”《纲目》加“司徒”二字，言其为人臣也。国珍后父耳，号之太上，非名甚矣。直书讥之。而提要无以言及此意。

司徒：官名。西周始置，金文多作司土。《周礼·地官》有大司徒，为六卿之一。掌土地、人口及教化之事。魏晋以降，多为大官之荣衔或加衔。《历代通鉴辑览》（卷四十一）同《纲目》。

7. 辛丑　梁武帝普通二年（公元521年）

［**提要**］高车击柔然，柔然可汗婆罗门降魏。冬，十月，魏分柔然为二国。

［**乾道壬辰本**］高车击柔然，柔然可汗婆罗门降魏。冬，十月，魏分柔然为二国。

［**纲目**］高车击柔然，柔然可汗婆罗门降魏。冬，十月，魏分柔然为二国，以处阿那环、婆罗门。

按，《朱子全书》本同《提要》。《纲目》讲清了分为两国的原因是处此二人，前因后果交代明确。

8. 壬寅　梁武帝普通三年（公元522年）

［提要］夏，四月，高车王弟越居弑其王伊匐而自立。

［乾道壬辰本］夏，四月，高车王弟越居弑其王伊匐而自立。

［纲目］夏，四月，高车王弟越居杀其王伊匐而自立。

按，《朱子全书》本同《提要》。《资治通鉴》（卷一百四十九）（中华书局点校本 第4690页）作“其弟越居杀伊匐自立”。《纲目》值中原无统之时，蛮夷僭上用杀。《纲目》高昌、吐谷浑、突厥，皆书弑。以其时中原有正统耶?

卷三十一

1. 戊申　梁武帝大通二年（公元528年）

［提要］魏尔朱荣举兵晋阳。夏，四月，至河阳，立长乐王子攸，而沈太后胡氏及幼主钊于河，杀王公以下二千人。魏主以荣都督中外诸军事。

［乾道壬辰本］魏尔朱荣举兵晋阳。夏，四月，至河阳，立长乐王子攸，而沈太后胡氏及幼主钊于河，杀王公以下二千人。自为都督中外诸军事，封太原王，遂入洛阳。

［纲目］魏尔朱荣举兵晋阳。夏，四月，至河阳，立长乐王子攸，而沈太后胡氏及幼主钊于河，杀王公以下二千人。自为都督中外诸军事，封太原王，遂入洛阳。

按，《资治通鉴》（卷一百五十二）（中华书局点校本 第4741页）作：“以荣为侍中，都督中外诸军事，大将军，尚书令、领军将军、领左右，封太原王。”《纲目》每以“自为”言人臣不臣之举，此例亦同。

2. 戊申　梁武帝大通二年（公元528年）

［提要］魏侍郎高乾、高昂免。

［乾道壬辰本］魏免其侍郎高乾、高昂官。

［纲目］魏免其侍郎高乾、高昂官。

按,《凡例·罢免例》云:“罪不著者，曰某官某免；无罪者曰免某官。”乾、昂前为叛乱，不为无罪，纲目以无罪例书之非是。

3. 戊申　梁武帝大通二年（公元528年）

［**提要**］冬，十月，梁立元颢为魏王，遣将军陈庆之将兵纳之。据铚城。

［**乾道壬辰本**］冬，十月，梁立元颢为魏王，遣将军陈庆之将兵纳之。

［**纲目**］冬，十月，梁立元颢为魏王，遣将军陈庆之将兵纳之。

按,《资治通鉴》（卷一百五十二）（中华书局点校本 第4753页）作：“冬，十月。……帝以魏北海王颢为魏王，遣东宫直阁将军陈庆之将兵送之还北。”

《纲目续麟》（卷十二）当从《提要》补“据铚城”三字。不书据城，则嫌于已入魏，与后书入洛阳近复（见明年五月),《纲目》略之非是。

4. 乙酉　梁武帝中大通元年（公元529年）

［**提要**］五月，魏主颢取梁国、荥阳、虎牢。

［**乾道壬辰本**］五月，魏主颢取梁国、荥阳、虎牢。

［**纲目**］五月，魏王颢取梁国、荥阳、虎牢。

按,《资治通鉴》（卷一百五十三）（中华书局点校本 第4758页）作“北海王颢克梁国”。

《纲目》上文言长乐已正尊位，是其国未尝无君。梁主乃立元颢为魏王，此称魏王是不视其为君。

5. 乙酉　梁武帝中大通元年（公元529年）

［**提要**］闰月，魏尔朱荣渡河，魏主颢走死，陈庆之走归梁。魏主子攸归洛阳，荣自为天柱大将军。

［**乾道壬辰本**］闰月，魏尔朱荣渡河，魏主颢走死，陈庆之走归梁。魏主子攸归洛阳，荣自为天柱大将军。

［**纲目**］闰月，魏尔朱荣渡河，魏王颢走死，陈庆之走归梁。魏主子攸归洛阳，荣自为天柱大将军。

按，乾道壬辰本“乙酉”作“己酉”。《魏书》（卷十）（中华书局点校本第260页）作“萧衍以北海王颢为魏王”；《资治通鉴·卷一百五十三》（中华书局点校本 第4763页）作“北海王颢”。

据《纲目》上文书颢称皇帝，则当书魏主颢。又《纲目》上文言长乐已正尊位，是其国未尝无君。梁主乃立元颢为魏王，此称魏王是不视其为君也。

卷三十二

1. 癸丑　梁武帝中大通五年（公元533年）

［提要］春，正月，魏丞相欢袭秀容，杀尔朱兆。

［乾道壬辰本］春，正月，魏大丞相欢袭秀容，杀尔朱兆。

［纲目］春，正月，魏大丞相欢袭秀容，杀尔朱兆。

按，加“大”字，则说明其逾于礼制。《纲目续麟》（卷十二）认为：丞相书“大”，去君一间耳，书所以著伉也。

2. 甲寅　梁武帝中大通六年（公元534年）

［提要］东魏主善见立。

［乾道壬辰本］魏大丞相欢立清河世子善见于洛阳。

［纲目］魏大丞相欢立清河世子善见于洛阳。

按，《南史》（卷七）（中华书局点校本 第211页）作：“魏孝武帝迫于其相高欢，出居关中，欢又别奉清河王世子善见为主，是为孝静帝。”《北史》（卷五）（中华书局点校本 第174页）作：“冬，十月，高欢推清河王亶子善见为主，徙都邺，是为东魏。”《资治通鉴》（卷一百五十六）（中华书局点校本 第4855页）作“遂立清河王世子善见为帝”。

《纲目续麟》（卷十二）认为：《提要》书某主立，无以见欢擅置其君之罪，非是，当以《纲目》所书为正。

3. 甲寅　梁武帝中大通六年（公元534年）

［提要］闰十二月，魏丞相泰弑其君修。

［乾道壬辰本］闰十二月，魏大丞相泰进毒弑其君修。

［纲目］闰十二月，魏大丞相泰进毒弑其君修。

按，加“大”字，说明其不合臣礼，历代有丞相，而为大丞相者，多为权臣。考《凡例·篡贼》“凡以毒弑者加进毒字”，又《资治通鉴》（卷一百五十六）（中华书局点校本 第4858页）有“闰（十二）月，癸巳，帝饮酒遇酖而殂”。

4. 乙卯　梁武帝大同元年（公元535年）

［提要］春，正月，朔。魏主宝炬立。

［乾道壬辰本］春，正月，朔。魏大丞相泰立南阳王宝炬。

［纲目］春，正月，朔。魏大丞相泰立南阳王宝炬。

按，《魏书》（卷十二）（中华书局点校本 第298页）作：“宇文黑獭既害出帝，乃以南阳王宝炬僭尊号。”《资治通鉴》（卷一百五十七）（中华书局点校本 第4860页）作：“是日，魏文帝即位于城西。”

《纲目续麟》（卷十二）认为：宝炬非泰立，安得称魏王，当以《纲目》所书为正。《纲目》时间明确，言为大丞相所立，是讽其不合旧制。权力不在主上而在权臣。

5. 乙卯　梁武帝大同元年（公元535年）

［提要］东魏大丞相欢自为相国，假黄钺，加殊礼而复辞之。

［乾道壬辰本］东魏大丞相欢自为相国，假黄钺，加殊礼，复辞不受。

［纲目］东魏大丞相欢自为相国，假黄钺，加殊礼，复辞不受。

按，《资治通鉴》（卷一百五十七）（中华书局点校本 第4863页）作：“东魏以丞相欢为相国，假黄钺，殊礼，固辞。”修改后《纲目》的句式更加通顺。

6. 乙卯　梁武帝大同元年（公元535年）

［提要］十一月，梁侍中徐勉卒。

［乾道壬辰本］十一月，梁侍中徐勉卒。

[**纲目**] 冬，十一月，梁侍中徐勉卒。

按，《梁书》(卷三)(中华书局点校本 第79页) 作："十一月丁未，中卫将军、特进、右光禄大夫徐勉卒。"《资治通鉴》(卷一百五十七)(中华书局点校本 第4868页) 作："十一月，丁未，侍中、中卫将军徐勉卒。"

《纲目续麟》(卷十二) 认为："冬"字不可省，《提要》疑漏。

7. 丙辰　梁武帝大同二年(公元536年)

[**提要**] 九月，东魏行台侯景侵梁，梁陈庆之击败之。

[**乾道壬辰本**] 九月，东魏行台侯景侵梁，梁陈庆之击败之。

[**纲目**] 九月，东魏行台侯景侵梁，梁陈庆之击破之。

按，《朱子全书》本同《提要》。《资治通鉴》(卷一百五十七)(中华书局点校本 第4874页) 作："冬，十月，乙亥，诏大举伐东魏。东魏侯景将兵七万寇楚州，虏刺史桓和；进军淮上，南、北二司二州刺史陈庆之击破之，景弃辎重走。"

《纲目续麟》(卷十二) 认为：本传云时大寒冰，景弃辎重走。

8. 己未　梁武帝大同五年(公元539年)

[**提要**] 九月，东魏城邺。

[**乾道壬辰本**] 九月，东魏城邺。

[**纲目**] 秋，九月，东魏城邺。

按，据《朱子全书》本卷校勘记(13) 知底本与《提要》同。《魏书》(卷十二)(中华书局点校本 第303页) 作："九月，甲子，发畿内民夫十万人城邺城，四十日罢。"《资治通鉴》(卷一百五十八)(中华书局点校本 第4903页) 作："九月，甲子，东魏发畿内十万人城邺。"

9. 癸亥　梁武帝大同九年(公元543年)

[**提要**] 春，二月，东魏北豫州刺史高仲密以虎牢降。三月，魏大丞相泰帅军应之，及东魏大丞相欢战于邙山，大败而还。

[**乾道壬辰本**] 春，二月，东魏北豫州刺史高仲密以虎牢降魏。三月，魏

大丞相泰帅军应之，及东魏大丞相欢战于邙山，大败而还。

[纲目] 春，二月，东魏北豫州刺史高仲密以虎牢降魏。三月，魏大丞相泰帅军应之，及东魏大丞相欢战于邙山，大败而还。

按，《资治通鉴》（卷一百五十八）（中华书局点校本 第4914页）作："二月，壬申，以虎牢叛，降魏。"《纲目》加一"魏"字，使受降对象明确。

10. 丁卯　梁武帝太清元年（公元547年）

[提要] 九月，梁师堰泗水以攻东魏之彭城。冬，十一月，东魏行台慕容绍宗击败之，获萧渊明。

[乾道壬辰本] 九月，梁师堰泗水以攻东魏之彭城。冬，十一月，东魏行台慕容绍宗击败之，获萧渊明。

[纲目] 九月，梁堰泗水以攻东魏之彭城。冬，十一月，东魏行台慕容绍宗击败之，获萧渊明。

按，《朱子全书》本同《提要》。《资治通鉴》（卷一百六十）（中华书局点校本 第4961页）作："九月……上命萧渊明堰泗水于塞山以灌彭城。"

卷三十三

1. 己巳　南北朝梁魏东魏己巳年（梁武帝太清三年）（公元549年）

[提要] 梁东徐、北青州及淮阳郡皆叛降于东魏，东魏遂取青州及山阳郡。

[乾道壬辰本] 梁东徐、北青州及淮阳郡皆叛降于东魏，东魏遂取梁青州及山阳郡。

[纲目] 梁东徐、北青州及淮阳郡皆叛降于东魏，东魏遂取梁青州及山阳郡。

按，《资治通鉴》（卷一百六十二）（中华书局点校本 第5013页）作："东徐州刺史湛海珍、北青州刺史王奉伯以地降东魏。"《纲目》受取对象明确。

2. 己巳　南北朝梁魏东魏己巳年（梁武帝太清三年）（公元549年）

[提要] 侯景诛萧正德。

[乾道壬辰本] 侯景杀萧正德。

[纲目] 侯景杀萧正德。

按，《梁书》（卷五十六）（中华书局点校本 第852页）作："景杀萧正德于永福省。"《资治通鉴》（卷一百六十二）（中华书局点校本 第5021页）作："临贺王正德怨侯景卖己，密书召鄱阳王范，使以兵入；景遮得书，癸丑，缢杀正德。"萧正德与侯景同反者也。正德当"诛"而书"杀"者，景不得而诛之也。

3. 辛未　南北朝梁魏齐辛未年（梁简文帝大宝二年）（公元551年）

[提要] 闰月，梁徐文盛伐侯景，败之。（据《考证》）。

[乾道壬辰本] 闰月，梁徐文盛伐侯景，败之。

[纲目] 闰月，梁文盛伐侯景，败之。

按，《朱子全书》本同《提要》。《资治通鉴》（卷一百六十四）（中华书局点校本 第5063页）作："闰月，壬寅，景军至西阳，与徐文盛夹江筑垒。癸卯，文盛击破之，……景遁走还营。"分注作徐文盛。此处是首见其名，故宜用全名，而不应去姓。

卷三十四

1. 丁丑　南北朝陈周齐丁丑年（陈武帝永定元年）（公元557年）

[提要] 周冢宰护弑宋公。

[乾道壬辰本] 周冢宰护弑宋公。

[纲目] 周冢宰护弑中山王。

按，《朱子全书》本同《提要》。《资治通鉴》（卷一百六十七）（中华书局点校本 第5158页）作"封魏恭帝为宋公"，（第5162页）"周人杀魏恭帝"。上文书废魏主为宋公，此书中山王，是不予宋人之废也。

2. 丁亥　南北朝陈周齐丁亥年（临海王光大元年）（公元567年）

［**提要**］夏，四月，陈湘州刺史华皎附于周。

［**乾道壬辰本**］夏，四月，陈湘州刺史华皎叛附于周。

［**纲目**］夏，四月，陈湘州刺史华皎叛附于周。

按，乾道壬辰本“丁亥”作“己丑”。《周书》（卷五）作“陈湘州刺史华皎率众来附”；《周书》（卷十三）作“陈湘州刺史华皎举州来附”；《周书》（卷二十七）、《北史》（卷十）（中华书局点校本 第353页）作“陈湘州刺史华皎来附”；《资治通鉴》（卷一百七十）（中华书局点校本 第5265页）作“湘州刺史华皎……皎遣使潜引周兵，又自归于梁”。

《历代通鉴辑览》《大事记续编》同《纲目》。《纲目》加“叛”字，以戒乱臣贼子。

卷三十五

1. 庚子　南北朝陈周庚子年（陈宣帝太建十二年）（公元580年）

［**提要**］后梁遣使如周。

［**乾道壬辰本**］后梁遣使如周。

［**纲目**］梁遣使如周。

按，《朱子全书》本同《提要》。《资治通鉴》（卷一百七十四）（中华书局点校本 第5423页）作：“梁世宗使中书舍人柳庄奉书入周。”

《凡例·统系》曰：“凡诸国同时同号者，后起者称后，至前国亡则后国去后字。”此时梁亡已久，故“后”字可省。另外，如丁酉年书“梁主朝周于邺”无“后”字，则此字可省。

卷三十六

1. 丁巳　隋文帝开皇十七年（公元597年）

［**提要**］以义安公主妻突厥突利可汗。

［**乾道壬辰本**］以安义公主妻突厥突利可汗。

［**纲目**］以安义公主妻突厥突利可汗。

按，《隋书》（卷五十一）作“以宗女封安义公主妻之”；《隋书·卷八十四》作“突利遣使来逆女……妻以宗女安义公主”；《资治通鉴》（卷一百七十八）（中华书局点校本 第5558页）作“突厥突利可汗来逆女，……妻以宗女安义公主”。

据上述史料，此处当从《纲目》刊本。

2. 癸亥　隋文帝仁寿三年（公元603年）

［**提要**］九月，置常平仓。

［**乾道壬辰本**］九月，置常平官。

［**纲目**］九月，置常平官。

按，《隋书》（卷二）（中华书局点校本 第52页）作：“九月壬戌，置常平官。”《北史》（卷十一）（中华书局点校本 第427页）作：“九月壬戌，置常平官。”《资治通鉴》（卷一百七十九）（中华书局点校本 第5599页）作：“九月壬戌，置常平官。（注文曰：开皇初，置义仓，今置常平官掌之）”

《纲目续麟》（卷十三）认为：据《隋书》及《北史》本纪皆作“官”，当从《纲目》书“官”，若果属“常平仓”则开皇三年已置（见《食货志·陕州置常平仓》），岂至此而后书邪?《提要》误。笔者同意这一观点。

3. 癸亥　隋文皇帝仁寿三年（公元603年）

［**提要**］（无）

［**乾道壬辰本**］突厥启民可汗归国。

［**纲目**］突厥启民可汗归国。

按，《资治通鉴》（卷一百七十九）（中华书局点校本 第5600页）作："突厥步迦可汗所部大乱，铁勒仆骨等十余部，皆叛步迦降于启民。步迦众溃，西奔吐谷浑；长孙晟送启民置碛口，启民于是尽有步迦之众。"

卷三十七

1. 乙亥　隋炀帝大业十一年（公元615年）

［提要］秋，八月，帝巡北边。突厥始毕可汗之寇。帝入雁门，始毕围之。九月乃解。

［乾道壬辰本］秋，八月，帝巡北边。突厥始毕可汗入寇。帝入雁门，始毕围之。九月乃解。

［纲目］秋，八月，帝巡北边。突厥始毕可汗入寇。帝入雁门，始毕围之。九月乃解。

按，《隋书》（卷六十五）有"始毕可汗率骑数万来寇"。

2. 丙子　隋炀帝大业十二年（公元616年）

［提要］秋，七月，帝如江都，杀谏者任宗、崔民象、王爱仁。命越王侗留守。

［乾道壬辰本］秋，七月，帝如江都，命越王侗留守。杀谏者任宗、崔民象、王爱仁。

［纲目］秋，七月，帝如江都，命越王侗留守。杀谏者任宗、崔民象、王爱仁。

按，《资治通鉴》（卷一百八十三）（中华书局点校本 第5705页）作："建节尉任宗上书极谏，即日于朝堂杖杀之。甲子，帝幸江都，命越王侗……等总留后事。奉信郎崔民象以盗贼充斥，于建国门上表谏，帝大怒，先解其颐，然后斩之。"

《纲目续麟》（卷十三）认为：当从《纲目》。分注留守之命虽在杀任宗之后，而崔、王之死则在广既行之后，《纲目》先留守而后及任宗等，既见广之去志已决，又以讥宗等之徒以谏杀身也。如提要以留守置爰仁下，则当其发东郡时，岂可无守，乃至汜水而后命耶，不特事非其实，即君行臣守之义，亦参查不合矣。

3. 丁丑　隋炀帝大业十三年（公元617年）

［提要］屈突通降唐，唐遣通招河东守尧君素，不下。

［乾道壬辰本］屈突通降唐，唐遣通招河东通守尧君素，不下。

［纲目］屈突通降唐，唐遣通招河东通守尧君素，不下。

按，《大事记续编》同《纲目》作“河东通守”。

卷三十八

1. 己卯　隋恭帝侗皇泰二年（公元619年）

［提要］八月，唐酅公卒。

［乾道壬辰本］八月，唐酅公卒。

［纲目］八月，唐酅公薨。

按，《朱子全书》本同《提要》。《旧唐书》（卷一）（中华书局点校本 第9页）作：“酅国公薨，追崇为隋帝，谥曰恭。”《凡例》，失尊曰卒。注：周赧、汉献之类。当从《提要》。

2. 癸未　唐高祖武德六年（公元623年）

［提要］二月，唐平阳公主卒。

［乾道壬辰本］二月，唐平阳公主卒。

［纲目］二月，唐平阳公主薨。

按，《朱子全书》本同《提要》。《新唐书》（卷八十三）（中华书局点校本第3643页）作“武德六年薨”。

《纲目》唯太妃书薨。贵妃、公主并书卒。此处特笔。分注云“公主亲执金鼓，兴义兵以辅成大业”，故非他公主比矣，故书薨。《纲目续麟》认为：

公主不卒，卒平阳为其非他公主比也，然则书卒已为特笔，安在书薨然后见乎？如《书法》所云是特笔之中又特笔焉，彼齐桓晋文且当书崩，春秋何以与郑、卫诸君并称卒邪？

卷三十九

1. 丙戌　唐高祖武德九年（公元626年）

［**提要**］突厥入寇，至便桥，帝出责之，突厥请盟而退。

［**乾道壬辰本**］突厥入寇，至便桥，帝出责之，突厥请盟而退。

［**纲目**］突厥入寇，至便桥，帝出御之，突厥请盟而退。

按，乾道壬辰本“丁酉”作“乙酉”。《朱子全书》本同《提要》。《旧唐书·突厥传》（卷一百九十四上）（中华书局点校本 第5157—5158页）有：“太宗……幸渭水之上，与颉利隔津而语，责以负约……是日，颉利请和，诏许焉，车驾即日还宫。乙酉，又幸城西，刑白马，与颉利同盟于便桥之上，颉利引兵而退。”

关于这段史实，牛致功在《关于唐与突厥在渭水便桥议和罢兵的问题》（载《中国史研究》2001年第3期）中认为，突厥进犯目的，不是为进据中原，而只是“索要物质财富”，颉利先已派执失思力来谈判，唐太宗正是在明确突厥意图后，才敢于率六骑与颉利在渭水便桥对峙交言，从这个意义讲，没有必要用“御”字。则此处当从《提要》作“责”字。

2. 戊子　唐太宗贞观二年（公元628年）

［**提要**］诏非大瑞不得奏闻。

［**乾道壬辰本**］诏非大瑞不得表闻。

［**纲目**］诏非大瑞不得表闻。

按，后世引书亦莫衷一是，如《历代通鉴辑览·卷五十》作：“诏非大瑞不得表闻。”《清圣祖御制文集》（第二集卷三十八）作：“唐太宗诏非大瑞不得奏闻。”

3. 己丑　唐太宗贞观三年（公元629年）

［**提要**］以李靖为通汉道行军总管，统诸军讨突厥。

［**乾道壬辰本**］以李靖为通汉道行军总管，统诸军讨突厥。

［**纲目**］以李靖为定襄道行军总管，统诸军讨突厥。

按，据《朱子全书》本卷校勘记（14）知底本同《提要》。《旧唐书》（卷二）（中华书局点校本 第37页）有“冬十一月庚申，以并州都督李世勣为通汉道行军总管，兵部尚书李靖为定襄道行军总管，以击突厥”；《新唐书》（卷二）（中华书局点校本 第30页）作：“（八月）丁亥，李靖为定襄道行军大总管，以伐突厥……十一月庚申，并州都督李世勣为通漠道行军总管，……以伐突厥。”

由上述材料知此处当从《纲目》。

4. 辛卯　唐太宗贞观五年（公元631年）

［**提要**］诏诸州京观，加土为坟。

［**乾道壬辰本**］诏诸州京观，加土为坟。

［**纲目**］诏诸州刬削京观，加土为坟。

按，据《朱子全书》本卷校勘记（18）知底本同《提要》。《唐。大诏令集·卷一百一十四》作：“诸州京观，无问新旧，宜悉刬削，加土为坟。”《资治通鉴》（卷一百九十三）（中华书局点校本 第6086页）作：“诏诸州有京观处，无问新旧，宜悉刬削，加土为坟。”

《纲目续麟》（卷十四）认为：当加“刬削”两字。《提要》不书刬削，但曰加土为坟，则京观尚存，无以见太宗恤死之意。

京观：积尸封土其上谓之京观。

5. 甲午　唐太宗贞观八年（公元634年）

［**提要**］西突厥吐陆可汗卒。

［**乾道壬辰本**］西突厥吐陆可汗卒。

［**纲目**］西突厥咄陆可汗死。

按，据《朱子全书》本卷校勘记（25）知底本同《提要》。《旧唐书·突厥传》（卷一百九十四下）（中华书局点校本 第5183页）有："咄陆可汗泥孰，……明年（贞观八年），泥孰卒。"《新唐书》（卷二百一十五下）（中华书局点校本 第6058页）作"咄陆可汗死"；《资治通鉴》（卷一百九十四）（中华书局点校本 第6110页）作"西突厥咄陆可汗卒"。

下文亦有多处《提要》为"卒"处，《纲目》并为"死"，据《凡例·崩葬例》"凡蛮夷君长曰死"，则皆当从《纲目》。《纲目续麟》（卷十四）认为：《突厥传》作"咄六"，当从《纲目》。中原有主，割据书死例。

6. 丁酉　唐太宗贞观十一年（公元637年）

[**提要**] 秋，七月，縠、洛水溢。诏百官极言过失。（据《质实》）

[**乾道壬辰本**] 秋，七月，縠洛溢。诏百官极言过失。

[**纲目**] 秋，七月，縠洛溢。诏百官极言过失。

按，乾道壬辰本"丁酉"作"乙酉"。《旧唐书》（卷三）（中华书局点校本 第48页）有："秋七月癸未，大淫雨。縠水溢入洛阳宫，深四尺，坏左掖门，毁宫寺十九所；洛水溢，漂六百家。庚寅，诏以灾命百官上封事，极言得失。"《新唐书》（卷二）（中华书局点校本 第37）作"縠洛溢"。《资治通鉴》（卷一百九十五）（中华书局点校本 第6130页）作："秋，七月，癸未，大雨，縠、洛溢入洛阳宫"。

《纲目续麟》（卷十四）认为：本纪，縠、洛溢上有"大雨水"三字，《纲目》不书雨水，当从《提要》补"水"字。李述来《读〈通鉴纲目〉条记》认为：不必有"水"字，非漏也。

7. 己亥　唐太宗贞观十三年（公元639年）

[**提要**] 西突厥咥利可汗卒。

[**乾道壬辰本**] 西突厥咥利可汗卒。

[**纲目**] 西突厥咥利可汗死。

按，《朱子全书》本作："西突厥咥利失可汗卒。"据《凡例·崩葬例》"凡蛮夷君长曰死”，则当从《纲目》。又《旧唐书·突厥传》（卷一百九十四下）（中华书局点校本 第5184页）有：“十三年，啶利失为其吐屯俟利发与欲谷设通谋作难，啶利失穷蹙，奔拔汗那而死。”

卷四十

1. 戊申　唐太宗贞观二十二年（公元648年）

［提要］崔仁师以罪除名，流连州。

［乾道壬辰本］崔仁师以罪除名，流连州。

［纲目］崔仁师坐罪除名，流连州。

按，《朱子全书》本同《提要》。《旧唐书》（卷三）（中华书局点校本 第60页）有：“中书侍郎崔仁师除名，配流连州。”

分注有“坐有伏阙诉冤者，仁师不奏”。《纲目续麟》（卷十四）认为：当从《提要》作“以”，据分注伏阙诉冤而不奏，则仁师信有罪矣。故当书“以”。《凡例》罪状明白者，名下加“有罪”字，注云：或云以罪。“以”者罪得其实，“坐”则彼此相连之辞，非仁师一人之罪也。此处当以《纲目》为是。

卷四十一

1. 甲子　唐高宗麟德元年（公元664年）

［提要］（无）

［乾道壬辰本］以乐彦玮、孙处约同三品。

［纲目］以乐彦玮、孙处约同三品。

按，《朱子全书》本同《提要》。《旧唐书》（卷四）（中华书局点校本 第86页）有：“太子右中护检校西台侍郎乐彦玮、西台侍郎孙处约同知政事。”《新唐书》（卷三）（中华书局点校本 第64页）作：“太子右中护乐彦玮西台侍郎孙处约同知军国政事。"《资治通鉴》（卷二百一）（中华书局点校本 第6343页）作："太子右中护，检校西台侍郎乐彦玮、西台侍郎孙处约并同东西台三品。"

2. 乙亥　唐高宗上元二年（公元675年）

［提要］太子弘卒，谥孝敬皇帝。立雍王贤为太子。

［乾道壬辰本］太子弘卒，谥孝敬皇帝。立雍王贤为太子。

［纲目］太子弘薨，谥孝敬皇帝。立雍王贤为太子。

按，《朱子全书》本同《提要》。《新唐书》（卷三）（中华书局点校本 第71页）作"天后杀皇太子"。《资治通鉴》（卷二百二）（中华书局点校本 第6377页）作"太子薨于合璧宫"。

《凡例·崩葬例》"未踰年不成君曰卒"。《纲目》卒太子多矣，未有书薨者，此独书薨何？谥为帝也。《纲目》自分王外书薨之例七。非不成君废帝废后则谥为帝为后者也。不然则帝母也、有大功公主也（如上文平阳公主）。《纲目续麟》（卷十四）认为：当从《提要》作"卒"，《书法》附会《纲目》，不可从。薨而后谥也。例当称卒。以谥帝而书薨则是予其谥也，又何以为讥耶，语意亦自矛盾。

3. 辛巳　唐高宗开耀元年（公元681年）

［提要］以刘仁轨为太子太傅。

［乾道壬辰本］以刘仁轨为太子太傅。

［纲目］以刘仁轨为太子少傅。

按，《朱子全书》本同《提要》。《旧唐书》（卷五）（中华书局点校本 第107页）作："三月辛卯，左仆射、同三品刘仁轨兼太子少傅。"则此处当从《纲目》。《资治通鉴》（卷二百二）（中华书局点校本 第6400页）作："以刘仁轨兼太子少傅。"

太子太傅：官名。始于商、周时。为王太子师傅。唐沿置，与太子太师、太子太保合称"三太""三师"，为东宫六傅之一。位次太子太师，高于太子太保。

太子少傅：官名。始于商、周，为太子太傅副职，佐太傅辅导太子。与太子太师、太子太保合称“三少”，为东宫六傅之一。位次太子少师，高于太子少保。《汉书·百官公卿表》（卷十九）作：“太子太傅、少傅，古官。属官有太子门大夫、庶子、先马、舍人。”参见《文献通考》考543中。

4. 己丑　唐中宗嗣圣六年（公元689年）

［**提要**］夏，四月，太后以武承嗣为纳言，张光辅守内史。

［**乾道壬辰本**］夏，四月，太后以武承嗣为纳言，张光辅守内史。

［**纲目**］夏，四月，太后以武承嗣为纳言，张光辅为内史。

按，《朱子全书》本同《提要》。《旧唐书》（卷六）（中华书局点校本 第120页）作“张光辅为内史，武承嗣为纳言”；《新唐书》（卷四）（中华书局点校本 第88页）作“三月甲子，张光辅守纳言。癸酉，天官尚书武承嗣为纳言，张光辅守内史”；《资治通鉴》（卷二百四）（中华书局点校本 第6457页）作“癸酉，以天官尚书武承嗣为纳言，张光辅守内史”；《通鉴纪事本末》作“癸酉，以天官尚书武承嗣为纳言，张光辅守内史”。

5. 辛卯　唐中宗嗣圣八年（公元691年）

［**提要**］八年。周武氏载初元年。

［**乾道壬辰本**］八年。周武氏载初元年。

［**纲目**］八年。周武氏天授二年。

按，据《朱子全书》本卷校勘记（32）知所据底本与《提要》同。

《纲目续麟》认为：当作载初二年，分注仍书天授，《提要》尚称元年，并误。

6. 辛卯　唐中宗嗣圣八年（公元691年）

［**提要**］二月，周流其左丞周兴于岭南。

［**乾道壬辰本**］二月，周流其左丞周兴于岭南。

［**纲目**］二月，周流其右丞周兴于岭南。

按，《旧唐书》（卷一百八十六上）（中华书局点校本 第4842页）作：“天授元年九月革命，除尚书左丞”；《旧唐书》（卷一百九十二）（中华书局点校本 第5117页）作“文昌左丞周兴”；《新唐书·酷吏传》（卷二百九）（中华书局点校本 第5908页）作“武后夺政，拜尚书左丞”；《资治通鉴》（卷二百四）（中华书局点校本 第6472页）作“或告文昌右丞周兴……二月，流兴岭南”。

左丞：官名。秦置尚书丞一人，属少府。汉光武置左右丞二人，佐令仆，掌尚书台纪纲。唐沿置，正四品上。掌管辖诸司，纠正省内，勾吏部、户部、礼部十二司，通判都省事。若右丞缺，则并行之。两唐书均作“左”，《通鉴》作“右”，《纲目》因袭《通鉴》。

卷四十二

1. 癸卯　唐中宗嗣圣二十年（公元703年）

［**提要**］吐蕃赞普器弩悉弄卒。

［**乾道壬辰本**］吐蕃赞普器弩悉弄卒。

［**纲目**］吐蕃赞普器弩悉弄死。

按,《朱子全书》本同《提要》。《旧唐书·吐蕃上》（卷一百九十六上）（中华书局点校本 第5226页）作：“吐蕃南境属国泥婆罗门等皆叛，（器弩悉弄）自往讨之，卒于军中……国人立器弩悉弄之子。”《资治通鉴》（卷二百七）（中华书局点校本 第6569页）作：“吐蕃南境诸部皆叛，赞普器弩悉弄自将击之，卒于军中。”

据《凡例·崩葬例》“凡蛮夷君长曰死”，则当从《纲目》。

2. 丙午　唐中宗神龙二年（公元706年）

［**提要**］O置十道巡察使。

［**乾道壬辰本**］O置十道巡察使。

［**纲目**］置十道巡察使。

按,《朱子全书》本同《提要》。

前一条作：“制僧慧范、道士史崇恩等并加五品阶。”与此条不相关涉，当加圈子以示区别。

卷四十三

1. 甲寅　唐玄宗开元二年（公元714年）

［提要］襄王重茂卒于房州，谥曰殇皇帝。

［乾道壬辰本］襄王重茂卒于房州，谥曰殇皇帝。

［纲目］襄王重茂薨于房州，谥曰殇皇帝。

按，《朱子全书》本同《提要》。《旧唐书》（卷八）（中华书局点校本 第173页）作："房州刺史、襄王重茂薨于梁州，谥曰殇帝。"《旧唐书·高宗中宗诸子传》（卷八十六）（中华书局点校本 第2839页）作："开元二年，转房州刺史。寻薨，时年十七，谥曰：殇皇帝。"《新唐书》（卷五）（中华书局点校本 第123页）作："襄王重茂薨，追册为皇帝。"《资治通鉴》（卷二百一十一）（中华书局点校本 第6703页）作："房州刺史、襄王重茂薨，辍朝三日，追谥曰殇皇帝。"

《凡例》有："王侯死皆曰卒""正统之君废为王公而死者书卒，而注其谥。"此处书薨，当为特例。以谥为帝者也。当从《纲目》。又《纲目续麟》认为：当从《提要》书"卒",《书法》附会《纲目》，非是。大书其谥，讥也，考证不必从。

2. 丁巳　唐玄宗开元五年（公元717年）

［提要］秋，七月，放宗政卿姜皎归田。

［乾道壬辰本］放宗政卿姜皎归田。

［纲目］秋，七月，放太常卿姜皎归田。

按，《朱子全书》本作："秋，七月，放宗正卿姜皎归田。"《旧唐书》（卷五十九）作："开元五年下敕曰：'……太常卿……姜皎……宜放归田园'又迁晦为宗正卿，以去其权。"《资治通鉴》（卷二百一十一）（中华书局点校本 第6707页）作："初，上微时，与太常卿姜皎亲善，……皎宜放归田园，散官，勋、封皆如故。”

太常：官名。秦置奉常，为九卿之一。西汉景帝时改太常，掌宗庙礼仪、祭祀及选试博士等。

宗正:《纲目》汉高祖八年（公元前199年）置宗正官。

3. 丁亥 唐玄宗天宝六载（公元747年）

［**提要**］令天下为嫁母服三载。

［**乾道壬辰本**］令天下为嫁母服三载。

［**纲目**］令天下嫁母服三载。

按，《朱子全书》本同《提要》。《资治通鉴》（卷二百十五）（中华书局点校本 第6876页）作：“令天下为嫁母服三载。”

卷四十四

1. 戊子 唐玄宗天宝七载（公元748年）

［**提要**］云南王归义卒。

［**乾道壬辰本**］云南王归义卒。

［**纲目**］云南王归义死。

按，《朱子全书》本同《提要》。《旧唐书》（卷一百九十七）（中华书局点校本 第5280页）作：“七年，归义卒。”《资治通鉴》（卷二百一十六）（中华书局点校本 第6892页）作：“云南王归义卒。”

据《凡例 · 崩葬例》“凡蛮夷君长曰死”，则此处当从《纲目》。

2. 乙未 唐玄宗天宝十四载（公元755年）

［**提要**］吐蕃赞普乞梨苏卒。

［**乾道壬辰本**］吐蕃赞普乞梨苏卒。

［**纲目**］吐蕃赞普乞梨苏死。

按，《朱子全书》本同《提要》。《旧唐书》（卷一百九十六上）（中华书局

点校本 第5236页）作："天宝十四载，赞普乞梨苏笼猎赞死。"《新唐书》（卷二百十六上）（中华书局点校本 第6087页）作："赞普乞梨苏笼猎赞死。"《资治通鉴》（卷二百一十七）（中华书局点校本 第6950页）作："吐蕃赞普乞梨苏笼猎赞卒。"

据《凡例·崩葬例》"凡蛮夷君长曰死"，则此处当从《纲目》。

卷四十五

1. 己亥　唐肃宗乾元二年（公元759年）

[**提要**] 二月，日食，既。

[**乾道壬辰本**] 二月，月食，既。

[**纲目**] 二月，月食，既。

按，考《旧唐书》（卷十）（中华书局点校本 第254页）作："二月壬子望，月蚀既。"《资治通鉴》（卷二百二十一）（中华书局点校本 第7068页）作："二月，壬子，月食既。"则此处当从《纲目》。

2. 己亥　唐肃宗乾元二年（公元759年）

[**提要**] 十二月，史思明寇陕，卫伯玉击却之。

[**乾道壬辰本**] 十二月，史思明寇陕，卫伯玉击却之。

[**纲目**] 十二月，史思明寇陕，击却之。

按，《朱子全书》本同《提要》。考《旧唐书》（卷十）（中华书局点校本 第257页）作："十二月癸巳朔，神策将军卫伯玉破贼于陕东彊子坂。"《新唐书》（卷六）（中华书局点校本 第162页）作："史思明寇陕州，神策军将卫伯玉败之。"《资治通鉴》（卷二百二十一）（中华书局点校本 第7089页）作："史思明遣其将李归仁将铁骑五千寇陕州，神策兵马使卫伯玉以数百骑击破之于礓子阪，得马六千匹，归仁走。"

3. 乙巳　唐代宗永泰元年（公元765年）

［提要］十月，以路嗣恭为朔方节度使。

［乾道壬辰本］十月，以路嗣恭为朔方节度使。

［纲目］闰（十）月，以路嗣恭为朔方节度使。

按，据《朱子全书》本卷校勘记（17）知底本与《提要》同。《旧唐书》（卷十一）（中华书局点校本 第281页）作："闰十月戊申，……以刑部侍郎路嗣恭检校工部尚书、兼御史大夫、灵州大都督府长史，充关内副元帅，兼知朔方节度等使。"《资治通鉴》（卷二百二十四）（中华书局点校本 第7185页）作："闰十月，……戊申，以户部侍郎路嗣恭为朔方节度使。"则此处当以《纲目》为是。

4. 乙巳　唐代宗永泰元年（公元765年）

［提要］流顾繇于绵州。

［乾道壬辰本］流顾繇于绵州。

［纲目］流顾繇于锦州。

按，《朱子全书》本同《提要》。《资治通鉴》（卷二百二十四）（中华书局点校本 第7188页）作："十二月，戊戌，繇坐流锦州。"《通鉴纪事本末》同《通鉴》，《大事记续编》作"绵州"。

宋白曰："唐垂拱二年，分辰州麻阳县地，并开山洞，置锦州。《旧志》：锦州至京师三千五百里。"

5. 丁巳　唐代宗大历十二年（公元777年）

［提要］秋，七月，司徒公杨绾卒。

［乾道壬辰本］秋，七月，司徒文简公杨绾卒。

［纲目］秋，七月，司徒文简公杨绾卒。

按，《新唐书》（卷一百四十二）（中华书局点校本 第4665页）作："绾素痼疾……未几薨，帝惊悼……犹赐谥曰文简。"《资治通鉴》（卷二百二十五）（中华书局点校本 第7246页）作："上方倚杨绾，使釐革弊政，会绾有疾，秋，七月，己巳，薨。上痛悼之甚，谓群臣曰：天不欲朕致太平，何夺朕杨绾之速。”杨绾为相仅三月而弊政侈俗亦为之渐革者，正其身以率物也，纲目前书绾平章事，初无美词，至是绾卒，书官书谥，始足以表其贤。此属辞比事之意也。

卷四十六（无）

卷四十七

1. 丙寅　唐德宗贞元二年（公元786年）

[**提要**]（无）

[**纲目**] 是年十一月甲午，立淑妃王氏为皇后。

按，《朱子全书》本同《提要》。考《旧唐书》（卷十二）（中华书局点校本 第355页）作：“十一月甲午，册淑妃王氏为皇后。……丁酉，册皇后王氏；是日后崩，谥曰昭德。”《资治通鉴》（卷二百三十二）（中华书局点校本 第7474页）作：“十一月，甲午，立淑妃王氏为皇后。”

2. 丁丑　唐德宗贞元十三年（公元797年）

[**提要**] 秋，七月，起复张茂宗为左卫将军，尚公主。

[**乾道壬辰本配补宋本**] 秋，七月，起复张茂宗为左卫军，尚公主。

[**纲目**] 秋，七月，起复张茂宗为左卫军，尚公主。

按，《唐鉴》（卷十六）（宋 范祖禹撰，吕祖谦注）作“起复茂宗左卫将军”；《西山读书记》（卷十三）（宋 真德秀撰）作“起复茂宗左卫将军”；《资治通鉴》（卷二百三十五）（中华书局点校本 第7578页）作“秋，八月，癸酉，起复茂宗左卫将军同正”。唐代本纪屡书“右将军”，合从《提要》。

3. 戊寅　唐德宗贞元十四年（公元798年）

[**提要**] 吴少诚反，侵寿州。

［乾道壬辰本配补宋本］吴少诚叛，侵寿州。

［纲目］吴少诚叛，侵寿州。

按，《朱子全书》本同《提要》。《新唐书》（卷七）（中华书局点校本 第202页）作“（贞元）十五年，三月甲寅，彰义军节度使吴少诚反”；《新唐书》（卷一百六）（中华书局点校本 第4043页）作“吴少诚反”；《新唐书》（卷一百七十）（中华书局点校本 第5165页）作“吴少诚反”；《新唐书》（卷一百七十一）、《新唐书》（一百七十二）作“吴少诚叛”。

《凡例》认为“自下逆上曰反，舍此之彼曰叛”，则此当从《提要》作“反”。

4. 庚辰　唐德宗贞元十六年（公元800年）

［提要］柳州刺史阳履免。

［乾道壬辰本配补宋本］永州刺史阳履免。

［纲目］永州刺史阳履免。

按，《资治通鉴》（卷二百三十五）（中华书局点校本 第7589页），作：“永州刺史阳履免。”

卷四十八

1. 乙酉　唐顺宗永贞元年（公元805年）

［提要］贬韦执谊为崖州司马。

［乾道壬辰本配补宋本］贬韦执谊为崖州司户。

［纲目］贬韦执谊为崖州司户。

按，《朱子全书》本同《提要》。《旧唐书》（卷十四）（中华书局点校本 第413页）作“贬正议大夫、中书侍郎、平章事韦执谊为崖州司马”；《新唐书》（卷七）（中华书局点校本 第207页）作“贬韦执谊为崖州司马”；《新唐书》（卷一百六十八）（中华书局点校本 第5124页）作“贬韦执谊为崖州司户参军”；《资治通鉴》（中华书局点校本 第7622页）作“壬申 贬中书侍郎、同平章事韦执谊为崖州司马”。

司户：州县佐吏。隋唐诸州置司户参军，掌户口、籍账、婚嫁、田宅、杂徭、道路之事，简称司户。唐京畿及四等诸县因置为司户，下有佐史若干人，职如州制。

司马：甲骨文有从事战争与田猎的马亚、多马亚、马小臣等武官，可能是司马一职的滥觞。《周礼夏官》司马为六卿之一，掌军政及军赋。唐州府佐属有司马一人，位在别驾、长史之下。

《纲目续麟》认为：本传为司户参军，当从《纲目》。

2. 乙酉　唐顺宗永贞元年（公元805年）

［**提要**］回鹘怀信可汗死，遣使立其子为腾里可汗。

［**乾道壬辰本配补宋本**］回鹘怀信可汗卒，遣使立其子为腾里可汗。

［**纲目**］回鹘怀信可汗卒，遣使立其子为腾里可汗。

按，《朱子全书》本同《提要》。《新唐书》（卷二百一十七上）（中华书局点校本 第6126页）作“永贞元年，（怀信）可汗死”；《唐会要》（卷九十八）作“怀信可汗卒”；《资治通鉴》（卷二百三十六）（中华书局点校本 第7623页）作“回鹘怀信可汗卒”；《通鉴纪事本末》（卷三十六上）作“回鹘怀信可汗卒”。

据《凡例·崩葬例》“凡蛮夷君长曰死”，则此处当从《提要》。

3. 丁亥　唐宪宗元和二年（公元807年）

［**提要**］二年，春，正月，司徒杜佑致仕。

［**乾道壬辰本配补宋本**］二年，春，正月，司徒杜佑请致仕。

［**纲目**］二年，春，正月，司徒杜佑请致仕。

按，考《旧唐书》（卷十四）（中华书局点校本 第420页）作：“二年春正月丁酉，司徒杜佑辞知政事，诏令每月三度入朝，便于中书商量政事。”《资治通鉴》（卷二百三十七）（中华书局点校本 第7639页）作：“佑以老疾，请致仕。”则此处当从《纲目》。《纲目》书致仕多矣，未有书请者，此处书请，言未尽得请也。于是犹命每月一再入朝，因至中书议大政，则帝之待之也亦厚矣。终《纲目》，书致仕二十有二，书请者一而已矣。

4. 戊子　唐宪宗元和三年（公元808年）

［**提要**］南诏异牟寻卒。

［**乾道壬辰本配补宋本**］南诏异牟寻死。

［**纲目**］南诏异牟寻死。

按，《朱子全书》本同《提要》。《旧唐书》（卷一百九十七）（中华书局点校本 第5284页）作："三年十二月，以异牟寻卒，废朝三日。"《资治通鉴》（卷二百三十七）（中华书局点校本 第7656页）作："南诏异牟寻卒。"

据《凡例·崩葬例》"凡蛮夷君长曰死"，则此处当从《纲目》。

5. 己丑　唐宪宗元和四年（公元809年）

［**提要**］九月，王承宗表献，诏以承宗为成德节度使，承宗袭保信节度使薛昌朝，执之以归。

［**乾道壬辰本配补宋本**］王承宗表献德、棣二州，诏以承宗为成德节度使、薛昌朝为保信军节度使，领德棣二州，承宗袭昌朝，执之以归。

［**嘉定温陵本**］九月，王承宗表献德、棣二州，诏以承宗为成德节度使，承宗袭保信节度使薛昌朝，执之以归。

［**纲目**］九月，王承宗表献德、棣二州，诏以承宗为成德节度使，薛昌朝执之以归。

［**纲目考异**］王承宗表献德、棣二州，诏以承宗为成德节度使、薛昌朝为保信节度使，领德棣二州，承宗袭昌朝，执之以归。

按，《资治通鉴》（卷二百三十八）（中华书局点校本 第7665页）作："九月，庚戌，以承宗为成德节度使，恒、冀、深赵观察使，德州刺史薛昌朝为保信军节度使、德棣二州观察使。……承宗遽遣数百骑驰入德州，执昌朝，至真定，囚之。"

6. 己丑　唐宪宗元和四年（公元809年）

［**提要**］云南王寻合劝卒。

［**乾道壬辰本配补宋本**］云南王寻合劝死。

［**纲目**］云南王寻合劝死。

按，《朱子全书》本同《提要》。《资治通鉴》（卷二百三十八）（中华书局点校本 第7668页）作："云南王寻合劝卒。"

据《凡例·崩葬例》"凡蛮夷君长曰死"，则此处当从《纲目》。

7. 壬辰　唐宪宗元和七年（公元812年）

［**提要**］秋，七月，立遂王恒为太子。

［**乾道壬辰本配补宋本**］秋，七月，立遂王恒为皇太子。

［**纲目**］秋，七月，立遂王恒为皇太子。

按，《朱子全书》本同《提要》。考《旧唐书》（卷十五）（中华书局点校本 第443页）作："乙亥，制立遂王宥为皇太子，改名恒。"《新唐书》（卷七）（中华书局点校本 第212页）作："立遂王宥为皇太子。"《资治通鉴》（卷二百三十八）（中华书局点校本 第7691页）作："秋，七月，乙亥，立遂王宥为太子，更名恒。"

8. 乙未　唐宪宗元和十年（公元815年）

［**提要**］十年。春，正月，吴元济反，诏削其官爵，发兵讨之。

［**乾道壬辰本配补宋本**］十年。春，正月，吴元济反，制削其官爵，发兵讨之。

［**纲目**］十年。春，正月，吴元济反，制削其官爵，发兵讨之。

按，《朱作子全书》本同《提要》。考《旧唐书》（卷十五）（中华书局点校本 第452页）作："（十年春正月）己亥，制削夺吴元济在身官爵。"《资治通鉴》（卷二百三十九）（中华书局点校本 第7707页）作："吴元济纵兵侵掠，及于东畿。己亥，制削元济官爵，命宣武等十六道进军讨之。"此处当从《纲目》。

卷四十九

1. 己亥　唐宪宗元和十四年（公元819年）

［提要］冬，十月，安南遣将杨清讨黄洞蛮。清作乱，杀都护李象古。

［乾道壬辰本配补宋本］十月，安南遣将杨清讨黄洞蛮。清作乱，杀都护李象古。

［纲目］十月，安南遣将杨清讨黄洞蛮。清作乱，杀都护李象古。

按，考《旧唐书》（卷十五）（中华书局点校本 第470页）作："冬十月，壬戌，安南军乱，杀都护李象古，并家属、部曲千余人皆遇害。"《新唐书》（中华书局点校本 第218）作："十月壬戌，安南将杨清杀其都护李象古以反。"《资治通鉴》（卷二百四十一）（中华书局点校本 第7774页）作："冬，十月，壬戌，容管奏安南贼杨清陷都护府，杀都护李象古及妻子官属、部曲千余人。象古，道古之兄也，以贪纵苛刻失众心。清世为蛮酋，象古召为牙将，清郁郁不得志。象古命清将兵三千讨黄洞蛮，清因人心怨怒，引兵夜还，袭府城，陷之。"则此处当从《提要》。

2. 辛丑　唐穆宗长庆元年（公元821年）

［提要］以王播为盐铁转运使。

［乾道壬辰本配补宋本］以王播为盐铁使。

［纲目］以王播为盐铁使。

按，《朱子全书》本同《提要》。《旧唐书》（卷十六）（中华书局点校本 第486页）作"以剑南节度使王播为刑部尚书，充盐铁转运使"；《新唐书》（卷一百六十七）（中华书局点校本 第5115页）作"领诸道盐铁转运使"；《资治通鉴》（卷二百四十一）（中华书局点校本 第7789页）作"以播为刑部尚书，充盐铁转运使"。

盐铁使：唐宋中央财政官员。唐代中期以后，因财赋入不敷出而特置此职，以管理食盐专卖为主，兼掌银、铜、铁、锡等金属的开采冶炼等事务，多特派大臣充任，或由淮南节度使兼领。盐铁使多数与转运使合为一职，故诸道盐铁使常兼诸道转运使，通称盐铁转运使。

《纲目续麟》（卷十七）认为：本传播以盐铁兼转运者，宪宗时以刑部侍郎领之也，后为皇甫鎛所忌，出为剑南西川节度使，至是召还复领盐铁，非转运也，当从《纲目》为正。

3. 辛丑　唐穆宗长庆元年（公元821年）

［**提要**］回鹘保义可汗卒。

［**乾道壬辰本配补宋本**］回鹘保义可汗死。

［**纲目**］回鹘保义可汗死。

按，《朱子全书》本同《提要》。《旧唐书》（卷十六）（中华书局点校本 第486页）作："二月癸巳，九姓回纥毗伽保义可汗卒。"《旧唐书》（卷一百九十五）（中华书局点校本 第5211页）作："长庆元年，毗伽保义可汗薨，辍朝三日。"《新唐书》（卷八十三）有："永安公主长庆初许下嫁回鹘保义可汗，会可汗死，止不行。"《新唐书·回纥传》（卷二百一十七）回纥可汗去世均作"死"，如"贞元五年，可汗死""十一年，可汗死""永贞元年，可汗死"。《资治通鉴》（卷二百四十一）（中华书局点校本 第7789页）作："回鹘保义可汗卒。"

据《凡例·崩葬例》"凡蛮夷君长曰死"，则此处当从《纲目》。

4. 甲辰　唐穆宗长庆四年（公元824年）

［**提要**］回鹘崇德可汗卒。

［**乾道壬辰本配补宋本**］回鹘崇德可汗死。

［**纲目**］回鹘崇德可汗死。

按，《朱子全书》本同《提要》。《新唐书·回纥传》（卷二百一十七下）（中华书局点校本 第6130页）作"敬宗即位之年，可汗死"；《资治通鉴》（卷二百四十三）（中华书局点校本 第7840页）作"是岁，回鹘崇德可汗卒"。

据《凡例·崩葬例》"凡蛮夷君长曰死"，则此处当从纲目。

5. 戊申　唐文宗太和二年（公元828年）

[提要] 魏博军乱

[乾道壬辰本配补宋本] O魏博军乱

[纲目] O魏博军乱

按，前一条作“冬，十二月，中书侍郎、同平章事韦处厚卒”，与此条不相关涉，当加圈子，表示与上述一事不连属。

6. 戊申　唐文宗太和二年（公元828年）

[提要] 以路隋同平章事。

[乾道壬辰本配补宋本] 以路隋平章事。

[纲目] 以路隋平章事。

[纲目]（徽本）以路隋同平章事。

按，《朱子全书》本同提要。《新唐书》（卷八）（中华书局点校本 第231页）作“路隋为中书侍郎、同中书门下平章事”；《新唐书》（卷一百四十二）（中华书局点校本 第4677页）作“文宗嗣位，以中书侍郎同中书门下平章事”；又《新唐书·宰相表下》（卷六十三）有“十二月戊寅，兵部侍郎翰林学士路隋守中书侍郎同中书门下平章事”。《资治通鉴》（卷二百四十三）（中华书局点校本 第7861页）作：“以翰林学士路隋为中书侍郎、同平章事。”据唐官制，无平章事，合从《提要》。

卷五十

1. 戊午　唐文宗开成三年（公元838年）

[提要] 吐蕃彝泰赞普卒。

[乾道壬辰本配补宋本] 吐蕃彝泰赞普死。

[纲目] 吐蕃彝泰赞普死。

按，《朱子全书》本同《提要》。《资治通鉴》（卷二百四十六）（中华书局

点校本 第7938页）作："吐蕃彝泰赞普卒。"据《凡例·崩葬例》"凡蛮夷君长曰死"，则此处当从《纲目》。

2. 壬戌 唐武宗会昌二年（公元842年）

［**提要**］吐蕃达磨赞普卒。

［**乾道壬辰本配补宋本**］吐蕃达磨赞普死。

［**纲目**］吐蕃达磨赞普死。

按，《朱子全书》本同《提要》。《旧唐书》（卷一百九十六下）（中华书局点校本 第5266页）作"会昌二年，赞普死"；《新唐书》（卷二百一十六下）（中华书局点校本 第6105页）作"会昌二年，赞普死"；《资治通鉴》（卷二百四十六）（中华书局点校本 第7969页）作"达磨赞普卒"。若依《凡例·崩葬例》"凡蛮夷君长曰死"，则此处当从《纲目》。

3. 癸亥 唐武宗会昌三年（公元843年）

［**提要**］昭义节度使刘从谏卒，其子稹自为留后。诏诸道发兵讨之。

［**乾道壬辰本配补宋本**］昭义节度使刘从谏薨，其子稹自为留后。诏诸道发兵讨之。

［**纲目**］昭义节度使刘从谏薨，其子稹自为留后。诏诸道发兵讨之。

按，《朱子全书》本同《提要》。据《凡例》，当从《提要》。《新唐书》（卷八）（中华书局点校本 第242页）作："昭义节度使刘从谏卒，其子稹自称留后。"又《旧唐书》（卷十八）（中华书局点校本 第595页）作："四月，昭义节度使刘从谏卒，三军以从谏侄稹为兵马留后，上标请授节钺。……稹拒超旨。诏中书门下两省尚书御史台四品已上，武官三品已上，会议刘稹可诛可宥之状以闻。"《资治通鉴》（卷二百四十七）（中华书局点校本 第7979页）作"从谏寻薨"，又"以弟右骁卫将军从素之子稹为牙内都知兵马使"，则《纲目》作"子"误，因作"侄"。《纲目书法》认为：方镇大臣未有书薨者，自从谏以后方镇书薨三（是年刘从谏、宣宗大中十一年王绍鼎、懿宗咸通十三年张允伸），大臣书薨一（僖宗乾符元年刘瞻）。观朱子笔意，岂以著朝廷之式微乎？何似周末之诸侯也！

另，《旧唐书》《通鉴》书“侄”，《新唐书》书“子”，考其本传《新唐书》（卷二百一十四）（中华书局点校本 第6015页）有“从子稹，父从素仕右骁卫将军。从谏以为嗣”，则此处“子”“侄”均可。

4. 丁丑　唐宣宗大中十一年（公元857年）

［**提要**］八月，成德军节度使王绍鼎卒，军中立其弟绍懿。

［**乾道壬辰本配补宋本**］八月，成德军节度使王绍鼎薨，军中立其弟绍懿。

［**纲目**］八月，成德军节度使王绍鼎薨，军中立其弟绍懿。

按，《朱子全书》本作同《提要》。考《旧唐书》（卷十八）（中华书局点校本 第638页）作：“八月，成德军节度使、检校尚书右仆射王绍鼎卒。”《资治通鉴》（卷二百四十九）（中华书局点校本 第8064页）作：“八月，成德节度使王绍鼎薨。”

卷五十一

1. 戊子　唐懿宗咸通九年（公元868年）

［**提要**］夏，六月，以李师望为定边军节度使。

［**纲目**］夏，六月，以李师望为定边节度使。

按，《朱子全书》本同《提要》。《资治通鉴》（卷二百五十一）（中华书局点校本 第8120页）作：“以师望……充定边军节度。”《文苑英华·卷四百五十七》有《授李师望为定边军节度使制》一文。

2. 壬辰　唐懿宗咸通十三年（公元872年）

［**提要**］十三年。春，正月，幽州节度使张允伸卒。

［**乾道壬辰本配补宋本**］十三年。春，正月，幽州节度使张允伸薨。

［**纲目**］十三年。春，正月，幽州节度使张允伸薨。

按，《朱子全书》本同《提要》。《新唐书》（卷九）（中华书局点校本 第263页）作："幽州卢龙军节度使张允伸卒。"《新唐书》（卷二百一十二）（中华书局点校本 第5982页）作："咸通十二年……卒，年八十八，赠太尉，谥曰忠烈。"《资治通鉴》（卷二百五十二）（中华书局点校本 第8162页）作："春，正月，幽州节度使张允伸得风疾，请委军就医；许之，以其子简会知留后。疾甚，遣使上表纳旌节；丙申，薨，允伸镇幽州二十三年，勤俭恭谨，边鄙无警，上下安之。"

据分注"允伸镇幽州二十三年，勤俭恭谨，边鄙无警，上下安之，得疾，请委军就医，许之。以其子简会为留后，病甚，表纳旌节而薨"，岂以此为特例哉？《纲目续麟》（卷十八）》认为：当从《提要》书"卒"，《纲目》书"薨"误。或曰：史称允伸勤俭恭谨，上下安之，病甚，表纳旌节，此所以书"薨"与诸藩异与曰不然。允伸诚可嘉，当书官以异之，不应遽从薨例，盖薨者近乎君之辞也，使卒可书薨则亦可书崩，不几乱君臣之分乎？故曰当从《提要》。

3. 甲午　唐僖宗乾符元年（公元874年）

［**提要**］以刘瞻同平章事，秋，八月，卒。

［**乾道壬辰本配补宋本**］以刘瞻同平章事，秋，八月，薨。

［**纲目**］以刘瞻同平章事，秋，八月，薨。

按，《朱子全书》本同《提要》。《新唐书》（卷九）（中华书局点校本 第264页）作："刘瞻为中书侍郎、同中书门下平章事。八月辛未，瞻薨。"《资治通鉴》（卷二百五十二）（中华书局点校本 第8170页）作："瞻归而遇疾，辛未，薨。"

据凡例，当从《提要》。

4. 丙申　唐僖宗乾符三年（公元876年）

［**提要**］三月，崔彦昭卒，以王铎同平章事。

［**乾道壬辰本配补宋本**］三月，崔彦昭罢，以王铎同平章事。

[**纲目**] 三月，崔彦昭罢，以王铎同平章事。

按，《新唐书·宰相表下》(卷六十三)(中华书局点校本 第1742页)作："(乾符四年)闰二月，彦昭罢为太子太傅，王铎检校司徒兼门下侍郎同中书门下平章事。"《资治通鉴》(卷二百五十二)(中华书局点校本 第8183页)作："门下侍郎、同平章事彦昭罢为太子太傅；以左仆射王铎兼门下侍郎、同平章事。"

《纲目续麟》(卷十八)认为：据本传，彦昭以疾去位，授太子太傅卒，则此当从纲目作"罢"。

5. 戊戌　唐僖宗乾符五年(公元878年)

[**提要**] 诏河南贷商旅富人钱谷，除官有差。

[**乾道壬辰本配补宋本**] 诏河南贷商旅富人钱谷，除官有差。

[**纲目**] 诏河南贷商税富人钱谷，除官有差。

按，《朱子全书》本同《提要》。据分注，当从《提要》。《纲目》有："诏以东都军储不足，贷商旅富人钱谷以供数月之费，仍以空名告身赐之，时连岁旱蝗，寇盗充斥，耕桑半废，租赋不足故有是命。"《资治通鉴》(卷二百五十三)(中华书局点校本 第8203页)作："诏以东都军储不足，贷商旅富人钱谷以供数月之费。"

6. 癸卯　唐僖宗中和三年(公元883年)

[**提要**] 左骑卫上将军杨复光卒于河中。

[**乾道壬辰本配补宋本**] 左骁卫上将军杨复光卒于河中。

[**纲目**] 左骁卫上将军杨复光卒于河中。

按，《朱子全书》本同《提要》。《资治通鉴》(卷二百五十五)(中华书局点校本 第8298页)作："左骁卫上将军杨复光卒于河中。"

左骁卫：宿卫宫廷的禁军机构。隋置禁军十六卫，有骁骑卫。唐称武威卫，神龙年间改称骁卫，分左右，由将军各一人分统，将军二人为其副。掌番上府兵四十九府，据番上名额分配职务，守卫诸殿门，为内厢宿卫仗，并为左右卫在皇城四周及宫城内外分知助辅。宋以后废（据《中国历代官制大词典》第315页）。历代并无“左骑卫”一职。疑《提要》因曾有骁骑卫一称而误作“左骑卫”。《纲目续麟·卷十八》认为：唐志十六卫，无称骑者，当从《纲目》作“骁”，《提要》误。

卷五十二

1. 丙午　唐僖宗光启二年（公元886年）

［**提要**］秋，七月，秦宗权陷许州，杀鹿晏弘。朱玫遣王行瑜寇兴州，诏神策都将李茂贞等拒之。

［**乾道壬辰本**］秋，七月，秦宗权陷许州，杀鹿晏弘。

O朱玫遣王行瑜寇兴州，诏神策都将李茂贞等拒之。

［**纲目**］秋，七月，秦宗权陷许州，杀鹿晏弘。朱玫遣王行瑜寇兴州，诏神策都将李茂贞拒之。

按，《朱子全书》本同《提要》。《旧唐书》（卷十九）作：“七月戊寅朔，蔡贼秦宗权陷许州，杀鹿晏弘。以金商节度使杨守亮检校司徒兼兴元尹，充山南西道节度等使。王行瑜急攻兴州，守亮出师击败之。”《资治通鉴》（卷二百五十六）（中华书局点校本 第8338页）作：“秋，七月，秦宗权陷许州，杀节度使鹿晏弘。王行瑜进攻兴州，感义节度使杨晟弃镇走，据文州，诏保銮都将李 、扈跸都将李茂贞、陈佩屯大唐峰以拒之。”可知当不止李茂贞一人，宜加“等”字。

卷五十三

1. 壬戌　唐昭宗天复二年（公元902年）

［**提要**］二月，李克用遣兵取慈、隰，逼晋、绛。朱全忠还河中，遣兵击之。

[**乾道壬辰本**] 二月，李克用遣兵取慈、隰，逼晋、绛。朱全忠还河中，遣兵击之。

[**纲目**] 二月，李克用遣兵攻慈、隰，逼晋、绛。朱全忠还河中，遣兵击之。

按，《朱子全书》本同《提要》。《资治通鉴》（卷二百六十三）（中华书局点校本 第8568页）作："李嗣昭等攻慈、隰，下之，进逼晋、绛。"

《纲目续麟》（卷十八）认为：据分注，嗣昭等克二州，当从《提要》作取，《纲目》书攻而后则克之也，宜以后为正，还河中在克二州之先，今置于逼晋绛之下，亦非其实。

2. 甲子　唐昭宗天祐元年（公元904）

[**提要**] 夏，四月，帝至洛阳。

[**乾道壬辰本**] 夏，四月，上至洛阳。

[**纲目**] 夏，四月，上至洛阳。

按，《历代通鉴辑览》（卷六十五）同《提要》。"上"为当时人所称，后世史书应作"帝"。

卷五十四

1. 卷首　唐昭宣帝天祐四年（公元907年）

[**提要**] 起丁卯唐哀帝天祐四年，尽己卯晋王李存勖称唐天祐十六年、梁贞明五年。

[**乾道壬辰本**] 起丁卯唐哀帝天祐四年，尽己卯晋王李存勖唐天祐十六年、梁主瑱贞明五年。

[**《朱子全书》本**] 起丁卯唐哀帝天祐四年，尽己卯晋王李存勖称唐天祐十六年、梁主瑱贞明五年。

[**纲目**] 起丁卯，尽己卯。

按，《纲目续麟》（卷十九）认为：分注起尽丁卯、己卯下当从《纲目考异》补唐哀帝至梁贞明二十四字。自此至五十九卷并阙补。《纲目》于前五代起尽皆书某帝某号某年，独于后五代仅存甲子不录帝号，非是，总目前详后略亦非。

2. 壬申　梁太祖乾化二年（公元912年）

[**提要**] 刘守光遣兵出战，晋人击败之，擒其将单廷珪。

[**乾道壬辰本**] 刘守光遣兵出战，晋人击败之，擒其将。

[**纲目**] 刘守光遣兵出战，晋人击败之，擒其将。

按，分注有“守光遣其将单廷珪将精兵万人出战”。

《纲目续麟》认为：当补“单廷珪”三字，廷珪燕骁将也，燕人失之夺气。故当特书以著燕人之败，燕自是不复振矣，《纲目》略之非是。

卷五十五

1. 卷首　梁主瑱贞明元年（公元915年）

[**提要**] 起庚辰，尽丙戌

[**乾道壬辰本**] 起庚辰晋王存勖唐天祐十七年、梁主瑱贞明六年，尽丙戌后唐庄宗存勖同光四年、明宗嗣源天成元年。

[**纲目**] 起庚辰晋王存勖称唐天祐十七年、梁主瑱贞明六年，尽丙戌后唐庄宗存勖同光四年、明宗嗣源天成元年。

按，《朱子全书》本作：“起庚辰晋王李存勖唐天祐十七年、梁主瑱贞明六年，尽丙戌后唐庄宗存勖同光四年、后唐明宗嗣源天成元年。”

2. 癸未　梁主瑱龙德三年（公元923年）

[**提要**] 梁诸藩镇入朝于唐，皆复其任。

[**乾道壬辰本**] 梁诸藩镇入朝于唐，皆复其任。

[**纲目**] 梁诸藩镇入朝于唐者，皆复其任。

[**纲目**]（徽本）梁诸藩镇入朝于唐，皆复其任。

按，《朱子全书》本同《提要》。《资治通鉴》（卷二百七十二）（中华书局点校本 第8901页）作："梁诸藩镇稍稍入朝，或上表待罪，帝皆慰释之。"

卷五十六

1. 卷首　唐明宗天成二年（公元927年）

［**提要**］起丁亥后唐明宗天成二年，尽丙申后唐主从珂清泰三年、晋高祖石敬瑭天福元年。

［**乾道壬辰本**］起丁亥后唐明宗天成二年，尽丙申后唐主从珂清泰三年、晋高祖石敬瑭天福元年。

［**纲目**］起丁亥，尽丙申

按，《朱子全书》本同《提要》。上海图书馆藏残宋本同《纲目》。

卷五十七

1. 卷首　丁酉　晋高祖天福二年（公元937年）

［**提要**］起丁酉晋高祖天福二年，尽丙午晋主重贵开运三年。

［**乾道壬辰本**］起丁酉晋高祖天福二年，尽丙午晋主重贵开运三年。

［**纲目**］起丁酉，尽丙午。

按，《朱子全书》本同《提要》。

卷五十八

1. 卷首　丁未　汉高祖天福十二年（公元947年）

［**提要**］起丁未汉高祖刘知远晋天福十二年，尽辛亥周太祖郭威广顺元年。

［**乾道壬辰本**］起丁未汉高祖刘知远晋天福十二年，尽辛亥周太祖郭威广

顺元年。

[**纲目**] 起丁未，尽辛亥。

按,《朱子全书》本同《提要》。

2. 丁未　汉高祖天福十二年（公元947年）

[**提要**] 陕、晋、潞州皆杀契丹使者，遣使奉表诣晋阳。

[**乾道壬辰本**] 陕、晋、潞州皆杀契丹使者，遣使奉表诣晋阳。

[**纲目**] 陕、晋、潞州皆杀契丹使者，奉表诣晋阳。

按,《朱子全书》本同《提要》。

《纲目续麟》（卷二十）认为：不书“遣使”，为潞州举镇降晋也。

3. 丁未　汉高祖天福十二年（公元947年）

[**提要**] 晋以刘信、史弘肇为侍卫都指挥使，杨邠为枢密使，郭威为副使，王章为三司使。

[**乾道壬辰本**] 晋以刘信、史弘肇为侍卫都指挥使，杨邠为枢密使，郭威为副使，王章为三司使。

[**纲目**] 晋以刘信、史弘肇为侍卫指挥使，杨邠为枢密使，郭威为副使，王章为三司使。

按,《朱子全书》本同《提要》。《新五代史》（中华书局点校本 第330页）作“都指挥使”。《资治通鉴》（卷二百八十七）（中华书局点校本 第9379页）作：“以忠武节度使史弘肇领归德节度使，兼侍卫马步都指挥使。”

都指挥使：五代时即有用都指挥使称呼统兵将领。宋代相沿，殿前司、侍卫亲军等均设都指挥使（据《中国历代官制大词典》第925页）。

指挥使：唐宋武官名，唐中叶以后，地方藩镇的军校有都指挥使、指挥使各统军队，五代后梁时朱全忠以节度使为帝，遂升格为禁卫军军官。宋沿置，凡殿前司、侍卫司均设都指挥使，以掌兵马。都指挥使下则设指挥使为其属（据《中国历代官制大词典》第801页）

4. 庚戌 汉隐帝乾祐三年（公元950年）

［**提要**］汉主承祐杀其枢密使杨邠、侍卫指挥使史弘肇、三司使王章，遣使杀郭威，不克。威举兵反，遂弑其主承祐。

［**乾道壬辰本**］汉主承祐杀其枢密使杨邠、侍卫指挥使史弘肇、三司使王章，遣使杀郭威，不克。威举兵反，遂弑其主承祐。

［**纲目**］汉主承祐杀其枢密使杨邠、侍卫指挥使史弘肇、三司使王章，遣使杀郭威，不克。威举兵反，遂杀其主承祐。

按，《朱子全书》本同《提要》。《旧五代史》（卷一百一十）（中华书局点校本 第1454页）作“郭允明弑汉隐帝于北郊”。

《凡例》“僭国无统则曰某人弑其君某”，此郭威实汉主之臣，上既书反，下当书弑。此处当从《提要》。《纲目续麟》（卷二十）认为：当从提要作“弑”，承祐虽有罪，未若杨广之甚也，广书弑而承祐书杀，轻重安在乎？即以为有罪亦当书为某所弑，未有正其为主而可以杀书者。

5. 辛亥 周太祖威广顺元年（公元951）

［**提要**］楚将徐威等作乱，废其君希萼，立希崇为武安留后。楚人复立希萼，居衡山。

［**乾道壬辰本**］楚将徐威等作乱，废其君希萼，立希崇为武安留后。楚人复立希萼，居衡山。

［**纲目**］楚将徐威等伏诛，废其君希萼，立希崇为武安留后。楚人复立希萼，居衡山。

按，《朱子全书》本同《提要》。《新五代史》（卷六十六）（中华书局点校本 第828—829页）作：“希崇与楚旧将徐威……等谋作乱。……缚希萼，迎希崇以立。”

下文有废君之举，则此处不当作伏诛。《纲目续麟》（卷二十）认为：分注威方囚希崇，未尝死也，安得书伏诛，当从《提要》作“作乱”。《纲目》多有“作乱伏诛”成句，如：晋哀帝兴宁二年“秦苻腾谋反伏诛”，齐高帝建元三年“魏沙门法秀作乱伏诛”。笔者认为此处当是受成句影响而臆改。

卷五十九

1. 卷首　王子　周太祖广顺二年（公元952年）

[**提要**] 起壬子周太祖广顺二年，尽己未周世宗显德六年。

[**乾道壬辰本**] 起壬子，尽己未。

[**纲目**] 起壬子，尽己未。

按，《朱子全书》本同《提要》。

主要参考文献

古籍

[1] ［宋］朱熹，纂．资治通鉴纲目．宋乾道壬辰刻本，国家图书馆藏．

[2] ［宋］朱熹，纂．资治通鉴纲目．宋温陵刻本，国家图书馆藏．

[3] ［宋］朱熹，纂．御批资治通鉴纲目．清，康熙四十七年武英殿刻本．

[4] ［宋］朱熹，纂．资治通鉴纲目，朱子全书．上海：上海古籍出版社，合肥：安徽教育出版社，2003.

[5] ［元］汪克宽，纂．毛瑞芳，谢辉整理．资治通鉴纲目考异．北京：北京师范大学出版社，2016.

[6] ［元］刘友益，纂．邱居里，左茹慧整理．资治通鉴纲目书法．北京：北京师范大学出版社，2016.

[7] ［元］徐昭文，纂．邓瑞全，张文博点校．资治通鉴纲目考证．北京：北京师范大学出版社，2016.

[8] ［宋］尹起莘，撰．资治通鉴纲目发明，五十九卷，明刻本．

[9] ［元］王幼学．资治通鉴纲目集览，五十九卷，明刻本．

[10] ［元］何中．通鉴纲目测海，三卷，四库全书，文渊阁本．

[11] [明]张自勋 . 纲目续麟, 四库全书, 文渊阁本 .
[12] [明]芮长恤 . 纲目分注补遗, 四库全书, 文渊阁本 .
[13] [清]陈景云 . 纲目定误, 四库全书, 文渊阁本 .
[14] [清]李述来 . 读《通鉴纲目》条记, 清嘉庆七年刻本 .
[15] [宋]朱熹, 纂 . 晦庵朱文公文集, 朱子全书 . 上海 : 上海古籍出版社, 合肥 : 安徽教育出版社, 2003.
[16] [宋]黎靖德, 编 . 朱子语类, 朱子全书 . 上海 : 上海古籍出版社, 合肥 : 安徽教育出版社, 2003.
[17] [宋]李方子, 辑 . 紫阳文公先生年谱, 北京图书馆藏珍本年谱丛刊第 25、26 册, 北京图书馆编 . 北京 : 书目文献出版社, 1999.
[18] [清]王懋竑, 辑 . 朱子年谱, 北京图书馆藏珍本年谱丛刊第 26—29 册, 北京图书馆编 . 北京 : 书目文献出版社, 1999.
[19] [西汉]司马迁, 撰 . 史记 . 北京 : 中华书局点校本, 1959-9.
[20] [东汉]班古, 撰 . 汉书 . 北京 : 中华书局点校本, 1975-4.
[21] [宋]范晔, 撰 . 后汉书 . 北京 : 中华书局点校本, 1965-5.
[22] [晋]陈寿, 撰 . 三国志 . 北京 : 中华书局点校本, 1982-7.
[23] [梁]沈约, 撰 . 宋书 . 北京 : 中华书局点校本, 1974-10.
[24] [梁]萧子显, 撰 . 南齐书 . 北京 : 中华书局点校本, 1972-1.
[25] [唐]姚思廉, 撰 . 梁书 . 北京 : 中华书局点校本, 1973-5.
[26] [唐]姚思廉, 撰 . 陈书 . 北京 : 中华书局点校本, 1972-3.
[27] [北齐]魏收, 撰 . 魏书 . 北京 : 中华书局点校本, 1974-6.
[28] [唐]李百药, 撰 . 北齐书 . 北京 : 中华书局点校本, 1972-11.
[29] [唐]令狐德棻, 撰 . 周书 . 北京 : 中华书局点校本, 1971-11.
[30] [唐]魏征, 撰 . 隋书 . 北京 : 中华书局点校本, 1973-8.
[31] [唐]李延寿, 撰 . 南史 . 北京 : 中华书局点校本, 1975-6.
[32] [唐]李延寿, 撰 . 北史 . 北京 : 中华书局点校本, 1974-10.
[33] [后晋]刘昫, 撰 . 旧唐书 . 北京 : 中华书局点校本, 1975-5.

[34] [宋]欧阳修, 宋祁, 撰 . 新唐书 . 北京 : 中华书局点校本, 1975–2.

[35] [宋]薛居正, 撰 . 旧五代史 . 北京 : 中华书局点校本, 1976–5.

[36] [宋]欧阳修, 撰 . 新五代史 . 北京 : 中华书局点校本, 1974–12.

[37] [元]脱脱 . 宋史 · 朱熹传 . 北京 : 中华书局点校本, 1977–11.

[38] [元]脱脱 . 宋史 · 艺文志 . 北京 : 中华书局点校本, 1977–11.

[39] [宋]司马光 . 资治通鉴 . 北京 : 中华书局点校本, 1956–6.

[40] [宋]陈振孙, 撰 . 直斋书录解题 . 上海 : 上海古籍出版社, 1987.

[41] [宋]赵希弁, 撰 . 郡斋读书志 · 附志 . 上海 : 上海古籍出版社, 1990–10.

[42] [清]于敏中等 . 天禄琳琅书目 . 北京 : 中华书局, 1995.

[43] [清]永瑢, 纪昀, 等 . 四库全书总目 . 北京 : 中华书局, 1981.

[44] [清]钱谦益 . 绛云楼书目, 稿抄本明清藏书目三种 . 北京 : 北京图书馆出版社, 2003.

[45] [唐]杜佑, 撰 . 通典 . 北京 : 中华书局点校本, 1984–2.

[46] [宋]郑樵, 撰 . 通志 . 北京 : 中华书局点校本, 1987.

[47] [元]马端临, 撰 . 文献通考 . 北京 : 中华书局, 1986–9.

[48] [宋]袁枢, 撰 . 通鉴纪事本末 . 北京 : 中华书局点校本, 1964.

[49] [宋]范祖禹, 撰 . 唐鉴 . 上海: 上海古籍出版社, 1984.

[50] [宋]胡寅, 撰 . 读史管见, 三十卷 . 清抄本 .

[51] [宋]吕祖谦, 撰 . 大事记 . 明刻本 .

[52] [宋]真得秀, 撰 . 西山读书记, 读书记四种 . 北京 : 北京图书馆出版社, 1998.

[53] [宋]宋敏求, 编洪丕谟等点 . 唐大诏令集(点校本). 上海 : 学林出版社, 1992.

[54] 李希泌, 主编 . 唐大诏令集补编 . 上海 : 上海古籍出版社, 2003–12.

[55] [清]黄宗羲, 全祖望, 撰 . 宋元学案 . 北京 : 中华书局, 1986.

[56] [清]傅恒, 撰 . 历代通鉴辑览 . 上海 : 上海古籍出版社, 1990–7.

[57] [清]王应麟, 撰 . 通鉴答问 . 清光绪刻本 .

[58] [清]章学诚, 撰 . 文史通义校注(点校本). 北京 : 中华书局, 1988.

[59] [明]宋濂, 撰, 罗月霞, 主编 . 宋濂全集 . 杭州 : 浙江古籍出版社, 1999–12.

[60]［清］全祖望，撰，朱铸禹汇校集注．全祖望集汇校集注．上海：上海古籍出版社，2000–12.

今人著作

[1] 束景南．朱子大传 [M]. 北京：商务印书馆，2003–4.
[2] 束景南．朱熹年谱长编 [M]. 上海：华东师范大学出版社，2001.
[3] 白寿彝．中国史学史教本 [M]. 北京：北京师范大学出版社，2000.
[4] 汤勤福．朱熹的史学思想 [M]. 济南：齐鲁书社，2000–1.
[5] 瞿林东．中国史学史纲 [M]. 北京：北京出版社，1999–9.
[6] 张立文．朱熹评传 [M]. 南京：南京大学出版社，1998.
[7] 李丙泉．中国史学史纲 [M]. 大连：辽宁师范大学出版社，1997.
[8] 吴怀祺．中国史学思想史 [M]. 合肥：安徽人民出版社，1996–12.
[9] 张立文．朱熹思想研究 [M]. 北京：中国社会科学出版社，1996–11.
[10] 饶宗颐．中国史学上之正统论 [M]. 上海：上海远东出版社，1996–8.
[11] 吴怀祺．宋代史学思想史 [M]. 合肥：黄山书社，1992–8.
[12] 钱穆．朱子新学案 [M]. 成都：巴蜀书社，1986–8.

参考论文

[1] 顾少华．知识社会史视野下的朱熹《资治通鉴纲目》新探 [J]. 人文杂志 ,2017(04).
[2] 顾少华．《资治通鉴纲目》作者问题新探 [J]. 史学史研究，2017 (01).
[3] 庄丹．朱熹春秋学思想与其《资治通鉴纲目》新论 [J]. 漳州职业技术学院学报，2017 (01).
[4] 顾少华．朱熹“八书”与《资治通鉴纲目凡例》真伪新考 [J]. 史学月刊，2016 (08).
[5] 陈国代．朱子门人参修《通鉴纲目》之考察 [J]. 朱子学刊，2015 (02).
[6] 仓修良．朱熹和《资治通鉴纲目》[J]. 安徽史学，2007 (01).

[7] 郭齐 . 评朱熹对史学的基本态度 [J]. 四川大学学报，2002（05）.

[8] 漆侠 . 朱熹与史学 [J]. 历史教学问题，2002（01）.

[9] 严文儒 . 朱熹《资治通鉴纲目》丛考 [A]，迈入二十一世纪的朱子学 [M]. 上海：华东师范大学出版社，2001-11.

[10] 郭齐 . 关于朱熹编修《资治通鉴纲目》的若干问题 [J]. 四川大学学报（哲学社会科学版），2001（06）.

[11] 徐仪明 . 研究朱熹史学思想的一部开拓之作——评汤勤福《朱熹的史学思想》[J]. 孔子研究，2001（03）.

[12] 萧永明 . 朱熹史学观三题 [J]. 史学史研究，2001（02）.

[13] 严文儒 .《资治通鉴纲目》版本源流考 [A]，朱熹著作版本源流考 [M]. 北京：中国文联出版社，2000-10.

[14] 邹志峰 . 宋代考据史学三题 [J]. 史学史研究，2000（03）.

[15] 杜华 . 简论宋代史学的特点 [J]. 聊城师范学院学报（哲学社会科学版），2000（03）.

[16] 周德钧 . 略论《春秋》对中国传统史学的影响 [J]. 鄂州大学学报，2000（01）.

[17] 汤勤福 . 朱熹思想在宋代史学上的地位 [J]. 学术月刊，1999（07）.

[18] 江湄 ."直笔" 探微——中国古代史学求真观念的发展与特征 [J]. 史学理论研究，1999（03）.

[19] 范立舟 . 宋儒正统论之内容与特质 [J]. 安徽师范大学学报（人文社会科学版），1999（02）.

[20] 王家骅 . 儒家的修史观与日本古代的史学 [J]. 日本研究，1998（03）.

[21] 汪高鑫 . 朱熹与史学 [J]. 史学史研究，1998（03）.

[22] 汤勤福 . 朱熹给赵师渊 "八书" 考辨 [J]. 史学史研究，1998（03）.

[23] 汤勤福 . 朱熹与《通鉴纲目》[J]. 史学史研究，1998（02）.

[24] 刘太祥 . 中国传统史著编纂的创新原则 [J]. 南都学坛，1998（01）.

[25] 庞天佑 . 理学与宋代史学思想 [J]. 湖北民族学院学报（社会科学版），1997（5）.

[26] 叶建华 . 论朱熹主编《纲目》[J]. 文史，1994（39）.

[27] 庞天佑 . 理学与宋代史学发展的特点 [J]. 湛江师范学院学报（社会科学版），1997

（02）.

[28] 王天顺 . 试论宋代史学的政治功利主义 [J]. 中州学刊，1997（01）.

[29] 张克兰 . 中国传统史学三论 [J]. 史学理论研究，1997（01）.

[30] 杨翼骧，乔治忠 . 论中国古代史学理论的思想体系 [J]. 南开学报（哲学社会科学版），1995（05）.

[31] 刘连开 . 理学和两宋史学的趋向 [J]. 史学史研究，1995（01）.

[32] 汪高鑫 . 朱熹的史论和史学评论 [J]. 安徽史学，1994（04）.

[33] 张立新 . 朱熹史学三题 [J]. 贵阳师范高等专科学校学报（社会科学版），1994（01）.

[34] 潘富恩 . 重评朱熹的历史观 [A]，朱熹与中国文化 [M]. 上海 : 学林出版社，1989–6.